HISTOIRE
GENEALOGIQUE
DES FAMILLES

DE

REVILASC.	MERINDOL.
GANDIL.	BAUDET.
FASSION.	YSE.
PRECOMTAL.	LANCELLIN.
SAINT - MARCEL.	LA BAUME,-DE-
VAUSERRE.	SUZE.
BARDONNENCHE.	BEAUMONT.

TROISIEME VOLVME.

Par M. GVY ALLARD, Conseiller du Roy,
Président en l'Election de Grenoble.

A GRENOBLE,

Chez LAURENS GILIBERT, Imprimeur, &
Libraire, ruë de Bonne, proche les RR. PP. Jesuites.

M. DC. LXXX.

AVEC PRIVILEGE DV ROY.

A MONSEIGNEUR,

MONSEIGNEVR
ANNE-TRISTAN

DE LA

BAUME DE SUZE,

Docteur de Sorbonne, Au-
mônier de Sa Majesté, Evêque de S. Omer.

M ONSEIGNEVR,

Ie Vous offre un Livre qui Vous est destiné il y a plus de qua-

ã ij

4

tre ans. Ce fut en ce temps-là que la Genealogie de Voſtre Maiſon fut jointe à celles qui le compoſent. Vous eſtiez alors nommé à l'Eveſché de Tarbes, & ce fut alors que je jugeay avec tout le monde que Sa Majeſté n'en demeureroit pas là, & qu'Elle donneroit à Voſtre Vertu des Dignitez plus élevées & une place plus avantageuſe. Un grand merite comme le Voſtre, & un Eſprit auſſi éclairé que Vous l'avez, devoient vous affranchir de la dure neceſſité de paſſer vos jours au pied des Pirenées, & vous eſtes trop propre pour la Cour, pour eſtre relegué en des endroits ſi éloignez. Une place frontiere, une Ville conquiſe, un Eveſché des plus conſiderables de ceux qui ſont ſous la domination de noſtre Auguſte Monarque, eſtoit deuë à Voſtre fidelité, à Voſtre conduite & à Voſtre pieté. C'eſt par là que Vous devez encore attendre d'autres élevations ſoit du coſté de Rome, ſoit des reconnoiſſances de Sa Majeſté. I'eſpere, MONSEIGNEUR, qu'en quelque lieu que Vous ſoyez, Vous aurez la bonté de Vous reſſouvenir, que Vous m'avez promis quelque part dans Vôtre affection, & que Vous n'avez pas déſaprouvé lors que j'ay eu l'honneur de Vous eſcrire, que je me ſois qualifié avec autant de verité que de reſpect,

MONSEIGNEUR,

Voſtre tres-humble & tres-
obeïſſant ſerviteur.
ALLARD.

REVILASC.

D'Argent à un Lyon de Guenles.

ALLIANCES.

AGOUT.

BARDONNENCHE.

BERARD.

BERGIER.

BONNE.

Du BOURG.

CHAIX.

FASSION.

FLOTTE.

FORETS.

GANDIL.

GARCIN.

GREGOIRE.

MARTIN.

MARTINEL.

MONTAUBAN.

PASSEVAL.

PIERRE.

PILHON.

PONNAT.

RICOZ.

RIPERT.

ROUX.

SALIGNON.

SARRASIN.

Du THAUC.

La TOUR.

ARBRE GENEALOGIQVE.
PREMIERE BRANCHE,
QVI EST CELLE
DE MONTBRAN.

Perron 1415.

Gabriel 1458.	François Ecclef.	Antoine.

Iacques 1473.	Giraud Ecclef.

Claude 1527. Iacomine de Paffeval.	Michel.	Bernard.	Iacobée. François Agout.	Caterine. George Foreft.

Iean 1556. Ieanne Bergier.	Girard.	Michel, a fait branche.	Antoine, Ecclef.	Pierre, Ecclef.	Gaspard, Ecclef.	Claude, Ecclef.

Guy 1580. Laurence Ricoz.	Iean-françois.	Caterine. François du Pilhon.

François Diane de Ponnat.	Iean-François.	Gabriel.	Laurence Gaspard. Flotte.

François. Lucrece Berard.	Guillaume.	Noël.	Reynaud. Ecclef.	Loüife. ...... Chaix.	Magdelaine. Charles Roux.

DEUXIEME BRANCHE,

QUI EST CELLE

DE VEYNES.

Michel 1656.
Marguerite de Pierre.
Caterine de la Tour.

Charles.	Reynaud.	Françoise.	Iean 1598.	Giraud	Ieanne.	Marguerite.
Claude.	Conseiller	Claude	Olimpe de	a fait	Iean de	
	au Parlemét.	Sarrasin.	Martinel.	branche	Bardonnenche.	

Iacques 1628.	Iean.	François.	Caterine.	Françoise.	Olimpe.	Marguerite.
Lucresse de			Daniel	Enemon	Daniel	Isabeau.
Bonne.			Ripert.	Duthauc.	de Gregoire.	

Pierre. Charles. Alexandre.

TROISIEME BRANCHE,

QUI EST CELLE

DE DARNES.

Giraud 1619.
Bonne de Gandil.

Reynaud 1654.	Pierre,	Enemonde,	Philiberte,
Marguerite de Fassion.	Eccl.	Religieuse.	Religieuse.

Iean-François. Pierre. I. Bapt. Françoise. Alix. Isabeau.

HISTOIRE

ET

PREUVES.

O N tient que cette Famille est descenduë de celle des Colomnes Romains. Jamais possible on n'en a veu aucune divisée en tant de branches qu'elle l'a esté dans les premiers Siecles où elle a parû. Pour éviter la confusion où tant de testes la pouvoient mettre, elle fut obligée de se faire des surnoms differens & de quitter celuy de Revilasc, qui ne fut conservé que de quelques-uns de la Maison. Parpaille, Raynier, & Passaney furent les principaux.

Neantmoins cette diversité n'en fit aucune à la liaison estroite qui estoit parmy ceux de la Famille : & afin que la difference qu'il y avoit de celuy de Revilasc aux autres ne porta aucune alteration à leur descendance & ne persuada au monde qu'ils n'avoient pas une mesme origine; ils s'en expliquerent dans une transaction qu'ils firent entre eux le 22. de Janvier 1378. en ces termes. *Scientes & cognoscentes se descendisse ex uno Cespite & ex duobus fratribus consanguineis & uterinis ex legitimo matrimonio procreatis quorum pater cognominabatur Dominus Revigliasci & de Reviliasco: ex quibus fratribus consanguineis & uterinis nati sunt prædicti condomini Revigliasci ex utroque parente, & eorum prædecessores descenderunt & in tanta multitudine, quorum aliqui cognominantur & cognominabantur tem-*

A iij

pōre quo erant in humanis diverſis cognominibus; & aliqui prædicto-
rum Dominiorum appellabantur Guelfi, aliqui Gibelini, & ſimili modo
prædicti ſupra nominati deſcendentes ab iiſdem, &c.

Ce n'eſt pas que parmy ceux de cette Maiſon il y en eût
qui portaſſent les ſurnoms de Guelfes & de Gibellins: mais
comme toute l'Italie a eſté diviſée en deux partis, qui eſtoient
ainſi ſurnommez ; la prodigieuſe quantité de teſtes qui rem-
pliſſoient la Famille de Revilaſc firent que parmy ces divi-
ſions, il s'en trouva qui ne ſuivirent pas le meſme party. Et
ce n'eſtoit pas une choſe fort extraordinaire de voir des pa-
rens en degré fort éloigné, ſe faire la guerre les uns & les autres, pendant que l'Italie eſtoit ainſi ſoûmiſe aux partialitez
des Guelphes & des Gibelins ; puis que le pere & le fils ne
combatoient pas toûjours ſous les meſmes Drapeaux.

Je reviens à la meſme tranſaction de laquelle je m'eſtois
un peu écarté par cette diſgreſſion ; & j'y trouve encore ces
termes. *Quia aliqui prædictorum Dominorum cognominantur de*
Parpalis, aliqui de Rayneriis & aliqui de Paſſanis omiſſo cognomine
primi eorum, anteceſſoris à quo omnes prædicti Domini deſcenderunt,
quod cognomen erat de Revilaſco ad invicem convanerunt, vel quod
prædicto cognomine ſcilicet de Revigliaſco quilibet prædictorum Do-
minorum & ab eodem deſcendentes cognominentur, vel quod addatur
dictis cognominibus dictum cognomen de Revigliaſco, ad hoc & ſciatur
ſemper quod omnes prædicti Domini & ab eiſdem deſcendentes ſunt de
uno & eodem hoſpitio & de uno ſanguine nati.

On connoît par les clauſes de cette tranſaction, que deux
freres du nom de Revilaſc avoient commencé la diviſion de
cette Famille, qu'elle s'eſtoit eſtenduë en pluſieurs rameaux
par la ſucceſſion du temps, qu'ils s'eſtoient fait d'autres ſurnoms ; que neantmoins ils reconnoiſſoient celuy de Revilaſc, comme le principal, & qui avoit eſté celuy de leurs predeceſſeurs. Le meſme acte apprend combien ils eſtoient unis.

Cette union eſt encore verifiée par une precedéte tranſactiō
du 10. de May 1323. dans laquelle on remarque que tous
ceux de la meſme Famille, qui eſtoient Seigneurs de Revi-

lasc, furent consultez, avant qu'un nommé Milet Simeon de Balbis pût estre receu parmy les Conseigneurs de Revilasc.

La terre de Revilasc est en Piemont & de nos jours la branche de la Famille à qui elle appartenoit s'estant esteinte, celles qui sont en Dauphiné l'ont pretenduë par un droit de substitution attaché à tous ceux qui portent le mesme nom.

L'Histoire de Malthe parle d'un Philippes de Revilasc Chevalier de l'Ordre de S. Jean de Hierusalem en 1365. lequel aprés avoir fait plusieurs caravanes en faveur de la Religion s'estoit retiré aux Montagnes d'Auvergne, où il avoit passé ses jours comme un Saint & y estoit mort en cette reputation. Elle parle encore d'un Chevalier Parpaille qui fit des merveilles au dernier Siege de Malthe. En 1553. il y avoit un Senateur au Senat de Thurin nommé Mercurin de Revilasc. Perinet de Revilasc estoit Conseiller au mesme Senat, environ ce temps-là.

Les Empereurs ont consideré cette Famille & l'ont gatifiée de plusieurs grands & specieux privileges, on en voit des Bulles de Frederic II. du nom de l'an 1228. de Henry VII. du nom, de l'an 1310. & le Roy Henry II. s'estant rendu Maistre de la Savoye & du Piemont, il ordonna par ses Lettres du 14. de Juillet 1550. à son Ambassadeur à Thurin, en faveur de cette Famille; que tout ce qui seroit dans les Archives qui pouvoit l'interesser, luy fût communiqué. Ensuite de ce mandement il en fut fait une procedure par René de Birague Maistre des Requestes du Roy delà les Monts le 8. d'Aoust suivant & quelques extraits furent tirez. Je trouve dans une Requeste presentée pour ce sujet que la plus grande partie des titres s'estoient perdus.

J'ay veu un grand Arbre Genealogique fait en Piemont qui commence à un Teucy Seigneur de Revilasc vivant environ l'an 1230. Il eut quatre enfans; sçavoir Bertolino, Valfredo, Oberto & Giordano.

Bertolino, continua la branche de Piemont, & de celle-cy, il s'en forma deux autres dans le mesme pays.

Valfredo n'eut point d'enfans.

Oberto fit branche , qui fe termina à la fixiéme genera-
tion.

Giordano , vivoit en 1263. & 1280. Il a efté le chef des
branches de Dauphiné & de celle d'Avignon. Pour venir à
celles de Dauphiné , je diray qu'il eut entr'autres enfans Bonifacio qui vivoit aux années 1318. & 1322. Celuy-
cy eut fept enfans, & parmy eux Avareto parut en 1350. Avareto eut trois enfans, Giacomo fit la branche d'Avignon, Bul-
garino ne laiffa pas de pofterité & Antonio commença une
autre branche. Il vivoit environ l'an 1380. & laiffa pour
fils,

I. Degré.   PERRON de REVILASC,

Je mets celuy-cy dans un premier degré , quoy que fuivant l'ordre de la genealogie Italienne, il en deut faire le 6.
mais comme c'eft luy qui paffa en Dauphiné, & que c'eft le
premier qui quitta l'Italie & fe dépaïfa , j'en fais comme de
l'Autheur d'une Famille & je le plante icy comme le tronc,
de celle de Revilafc qui s'eft faite Dauphinoife. Il eut trois
enfans,

1. Gabriel, qui fuit.

2. François , Prieur & Seigneur d'Afpres au Diocefe de
Gap , que je crois la caufe du changement de cette branche de Piemont en Dauphiné : car le fejour de ces trois freres
fut au mefme lieu d'Afpres. Ce François fut auffi Seigneur de
Montbran.

3. Antoine.

II. Degré.   GABRIEL de REVILASC,
                   Confeigneur d'Afpres & de Revi-
                   lafc.

L'an 1441. fit homage tant pour luy que pour Antoine
                                                  fon

son frere à Loüis Duc de Savoye, pour la portion qu'ils avoient aux biens de leur Maison situez en Piemont, & principalement au Chasteau & Mandement de Revilasc & de la Comté de Celles, & tous deux sont qualifiez fils de Perron. Dans une revision de feux de l'année 1458. ce Gabriel est mis au rang des Nobles du lieu d'Aspres. Ce fut luy à qui le Gouverneur de Dauphiné donna la commission pour faire cette revision. Il fut pere de,

1. Jacques, dont je parleray.

2. Giraud, Prieur & Seigneur d'Aspres, & Seigneur de Montbran.

JACQUES de REVILASC,
III. Degré. *Conseigneur d'Aspres.*

Un Guillaume Aymon du lieu d'Aspres luy fit une donation le 18. de Janvier 1473. où il est qualifié fils de Noble Gabriel de Revilasc, Conseigneur de Revilasc au Diocese de Thurin. Il eut pour enfans,

1. Claude qui aura son Chapitre.

2. Michel.

3. Bernard.

4. Jacobée, femme de François d'Agout, Seigneur de la Baume des-Arnauds. Ce mary passa quittance de la dot de Jacobée le penultiéme de Novembre 1491. à Giraud ou Girard de Revilasc, Prieur d'Aspres, oncle & tuteur de ses beaux freres.

5. Caterine alliée à N. George Forest dit Copre, Seigneur de Blacons, habitant à Montbrison au Diocese de Die, lequel passa aussi quittance de la dot de sa femme le 18. de Decembre 1497. à Claude son beau-frere. Dans l'acte il est dit que Jacques pere de sa femme estoit descendu des Seigneurs de Revilasc en Piemont au Diocese de Thurin.

CLAUDE de REVILASC,
IV. Degré.   *Conseigneur d'Aspres & de Chabestan,*

Passe- Jacomine de Passeval dite de Revilasc fut sa femme. Il par-
val. le d'elle dans son testament du 26. de Iuin 1527. & y
nomme pour ses enfans,

1. Iean, qui a continué.
2. Girard.
3. Michel a fait branche.
4. Antoine, Seigneur & Prieur d'Aspres, & Seigneur d
Montbran.
5. Pierre, Prieur de Guillestre.
6. Gaspard, Prieur de la Roche des-Arnauds.
7. Claude, Prieur d'Upaix, & Sacristain d'Aspres.

JEAN de REVILASC
V. Degré.   *Conseigneur de Chabestan,*

Transigea avec Girard ou Giraud & Michel ses freres le
Bergier 24. de Novembre 1556. Où il est dit que Ieanne Bergier estoit
sa femme. Elle luy procrea;

1. Guy, dont je feray mention.
2. Iean-François.
Pilhon. 3. Caterine épouse de Noble François du Pilhon.

GUY de REVILASC,
VI. Degré.   *Conseigneur de Chabestan.*

Ricoz. Son alliance fut avec Laurence Ricoz qu'il épousa l'an
1580. Il en eut,

1. François qui suit.
2. Iean-François.
3. Gabriel.

4. Laurence , femme de N. Gaſpard Flotte ſieur de la *Flotte.* Gardete.

FRANÇOIS de REVILASC,

VII. Degré.   *Seigneur d'Aſpres & de Montbran, Meſtre de Camp d'un Regiment d'Infanterie,*

Diane de Ponnat fut ſa femme, elle eſtoit fille de N. Iean *Ponnat* Baptiſte de Ponnat Conſeiller au Parlement de Grenoble, & de Loüiſe de Garcin. Il en a eu,   *Garcin*

1. François, mentionné cy-aprés.
2. Guillaume.
3. Noël.
4. Reynaud , Prieur de Romete.
5. Loüiſe, femme de N. ....Chaix de Ciſteron.   *Chaix.*
6. Madelaine, alliée à N. Charles Roux ſieur de Champ- *Roux.* flory.

FRANÇOIS de REVILASC,

VIII. Degré.   *II. du Nom , Seigneur d'Aſpres & de Montbran , Capitaine de chevaux legers.*

Son alliance eſt avec Lucreſſe Berard, fille de N. Antoine *Berard.* Berard & ſœur de N. Alexandre Berard Seigueur d'Ilins & de Serpeſe, Conſeiller du Roy & Maiſtre des Comptes de Dauphiné. Il en a,

1. François de Revilaſe.

REVILASC DE VEYNES.
II. BRANCHE.

V. Degré.　　　MICHEL *de* REVILASC,

Troifiéme fils de Claude de Revilafc, Confeigneur de
Chabeftan & de Jacomine de Paffeval, prit en premieres
Pierre. nopces & le 21. de Fevrier 1556. Marguerite de Pierre, fille
de N. Gafpard de Pierre, Seigneur de Pierre : & en deuxié-
la Tour mes nopces Caterine de la Tour, fille de N. Hugues de la
Martin Tour, Seigneur de Darnes & de Caterine Martin, par contract de Mariage du 5. de Juin 1558. Cette derniere femme
tefta le penultiéme de Janvier 1565. & fon mary en fit de
mefme le 30. de May 1576. Voicy les enfans qu'il eut,

Du premier lict.

1. Charles.
2. Claude.
3. Reynaud, Confeiller au Parlement de Grenoble,
Prieur de S. Laurent.
Sarra- 4. Françoife, mariée à Noble Claude Sarrafin, Seigneur
fin. de Trefort.

Du deuxiéme lict.

5. Jean a continué.
6. Giraud a fait branche.
Bardo- 7. Jeanne, femme de N. Jean de Bardonenche.
nenche 8. Marguerite.

JEAN *de* REVILASC,
VI. Degré. .*Conseigneur de Veynes,*

Contracta mariage le 6. de Juillet 1598. avec Olimpe de *Marti-* Martinel, fille de N. Joseph de Martinel & d'Isabelle de Mon- *nel.* tauban. Elle testa le 14. du mois de Septembre de l'année *Mon-* 1624. & luy le 13. de Janvier 1641. Voicy leurs enfans. *tauban*
1. Jacques, qui fera la matiere du degré suivant.
2. Iean, sieur de Mures.
3. François sieur de Rioupes.
4. Caterine, alliée à Noble Daniel de Ripert. *Ripert.*
5. Françoise, femme de Noble Enemon du Thauc sieur *Du* de Benivent. *Thauc.*
6. Olimpe, épouse de Noble Daniel de Gregoire sieur *Gre-* du Bouchet. *goire.*
7. Marguerite.
8. Isabeau.

JACQUES *de* REVILASC,
VII. Degré. *Conseigneur de Veynes,*

Le 4. du mois de Iuin de l'année 1628. prit pour femme Lucresse de Bonne, fille de N. Iean de Bonne Seigneur & Ba- *Bonne.* ron d'Oze & de Vitrolles, Gouverneur pour le Roy de l'Am- brunois, & de Lucresse Martin de Champoleon. Il a presté *Martin* homage au Roy Dauphin pour la Conseigneurie de Veynes dans la Chambre des Comptes de Dauphiné le 26. de Fe- vrier 1647. Il a eu pour enfans,
1. Pierre, Capitaine au Regiment de Navarre.
2. Charles, Mareschal de Logis dans la Compagnie des Mousquetaires.
3. Alexandre.
Et trois autres fils avec plusieurs filles, dont j'ignore les noms.

REVILASC DE DARNES.
III. BRANCHE.

VI. Degré.

GIRAUD *ou* GIRARD
de REVILASC, *Seigneur de Darnes,*
Gentil-homme Ordinaire de la Chambre
du Roy , Capitaine d'une Compagnie de
Bandes Corfes, Gouverneur du Chafteau
Trompete & de celuy de Moras,

Fils de Michel de Revilafc & de Caterine de la Tour fa
2. femme, a laiffé un journal de fa vie écrit de fa main, où j'ay
apris qu'il nâquit le 25. de Iuin 1564. qu'il commença l'année 1577. de porter les Armes dans la Compagnie de Iean-
Antoine de Briançon Seigneur de Varce ; fut au fiege de la
Mure l'an 1580. Sacremore Meftre de Câp Italien le mit dans
la Compagnie de Birague fon coufin l'an 1585. La même année la guerre s'eftant renouvellée contre les Proteftans, il fe
jetta dans le chafteau de Glandage avec plufieurs de fes Amis
pour le conferver au Roy. Il fut au fiege de la ville de Montelimart, & à l'attaque du Moneftier de Clermont, où le Marquis de Gordes fut tué. L'an 1586. il fe trouva aux fieges de
Bucoques, de Sou, de Miribel, d'Urre, de Vacheres, & à celuy de Chorges nonobftant le froid , à la reduction de la citadelle de Valence, à la prife de Pierrelongue aux Baronies,
en l'armée de Iarrie où douze cent Enfeignes de Suiffes furent défaits , au fiege de Chorges fous le General la Valette.
Il paffa en 1587. en garnifon dans la ville de Creft, de là il fut
combattre à Aofte contre ceux qui vouloient fortifier cette
Place, & l'an 1588. il fe rencontra à Romans lors que la Ville s'émeut pour empefcher la conftruction d'une Citadelle.

L'an 1589. il servit au secours d'Aubague, à la prise du château d'Yeres, à l'attaque de Romans lors que l'on y mit le petard, au secours inutile de Grane & au Siege de Grimaud , à la prise de Fayols en Provence,où il sauva l'honneur à trois filles de condition qui estoient entre les mains des soldats.En 1590. il parut au secours de Selon, & de Barjoux & à la conservation de Draguignan & de Frejus, puis en l'Armée de S. Genis où se firent plusieurs escarmouches, à la prise de Givors. & au Siege de Grenoble où il fut blessé. La Valette voulut qu'il alla servir en Provence où il fut en 1591. & y demeura une année:pendant ce temps , il se signala aux Sieges de Graveson & de Digne, à l'attaque d'Arles, au secours du Puy au Blocus de Veynes , à la Bataille de Vignon où le Duc de la Valette perdit deux Canons le 10. de Decembre 1591. au Siege de Roquebrune où ce Duc fut tué le 11. de Fevrier 1592.Cette année deDarnes receut des commissions de d'Ornano Gouverneur de Dauphiné , pour deux Compagnies qu'il fit,& avec lesquelles il joignit l'Armée du Roy à S. Marcellin, & la suivit jusques à la Coste S. André où il eut Ordre d'aller à Beaurepaire pour y commander dix Compagnies outre les siennes. L'an 1594 il alla servir le Roy à S. Genis pris sur les Savoisins où il commanda dix autres Compagnies sans y comprendre les siennes deux , & cette Place ayant esté renduë au Duc de Savoye, il en eut les munitions & les autres débris. Aprés cela il fut à la teste de ses deux Compagnies, lors que les Villes de Lyon & de Vienne, furent reduites. L'an 1598. il suivit le Mareschal d'Ornano à la Cour,puis en Guienne en 1660.& le servit judicieusement & hardiment, dans la querelle que ce Mareschal eut avec le Duc d'Espernon. Il vit le Siege de Montmeillan, le passage du Duc de Savoye deça les Monts, le traité de Paix, & le renouvellement de l'alliance avec les Suisses. Le Roy luy donna une Place dans la Ville de Bourdeaux pour y bastir une maison. En 1605. il fit à pied le voyage de Nostre-Dame de Lorette,& à son retour il se rendit à Bourdeaux auprés du Marefchal d'Ornano. Il fit divers voyages, pour luy. Ce Marêchal mourut l'an 1610. Le Colonel fon fils luy fucceda, & de Darnes eut part en fon amitié, jufques-là qu'il l'employa pour negocier fon mariage avec l'heritiere de Montlor, qui fut fait l'an 1611. Le Prince de Condé fut fait Gouverneur de Guienne & de Darnes fut nommé par le Roy pour commander au chafteau Trompete. Il y fut vifité par ce Prince & prié d'affurer le Roy de fa fidelité. De Darnes demeura dans cette place jufques en 1615. Il avoit precedemment efté Gouuerneur de la Citadelle du Saint Efprit. La mefme année le Colonel d'Ornano luy donna une Compagnie de vieilles Bandes Corfes. Le Marefchal d'Efpernon pretendit qu'il fe devoit reconnoiftre comme fon Colonel, le Roy declara par fon jugement qu'il l'en exemptoit. Aprés cela fa Majefté luy donna le gouvernement de Moras en Dauphiné où il mena fes Corfes, & garda cette Place pour le fervice du Roy, jufques à ce qu'elle fut rafée : mais le débris luy en fut donné & mefme le canon. Il mourut en 1650. aprés avoir fait fon teftament le 6. de Ianvier de la mefme

Gandil du Bourg. année. Il avoit époufé le 26. de May 1629. Bonne de Gandil, fille de Noble François de Gandil, & d'Ennemonde du Bourg. Il a laiffé,

1. Reynaud, qui fuit.

2. Pierre, fieur de Colomne, qui pendant plufieurs années a fervy le Roy dans fes Armées avec beaucoup de reputation. Il a fait une heureufe & devote retraite dans l'Ordre de Prêftrife, & eft aujourd'huy Prieur de S. Laurent de Grenoble.

3. Enemonde, Religieufe au Monaftere de la Vifitation de Sainte Marie dans la Ville de Grenoble.

4. Philiberte, Religieufe au mefme endroit.

REYNAUD

REYNAUD *de* REVILASC,

Seigneur de Darnes, Capitaine au Regi-
ment de Dauphiné , puis Conseiller au
Parlement de Grenoble ,

VII. Degré.

A fait plusieurs Campagnes & s'est fait connoistre avec honneur, soit en Catalogne, en Piemont & en Flandres. Il fut dangereusement blessé au Siege de Rose. Il a contracté mariage le 28. d'Octobre 1654. avec Marguerite de Fassion, fille unique de Noble Bertrand de Fassion, Seigneur de Crusille, & de Claudine de Salignon. Il est entré dans une Charge de Conseiller au Parlement de Grenoble l'an 1670. Il a pour enfans,

Fassion

Salignon.

1. Iean-François.
2. Pierre.
3. Iean-Baptiste.
4. Françoise.
5. Alix.
6. Isabeau.

C

GANDIL.

D'Azur à un bafton mis en fasce d'Argent traversé par les boucles de trois Grillets d'Or, au Chef d'Argent.

ALLIANCES.

Dit BOURG.	PASCAL.
CHIVALET.	PROST.
COLOMB.	REVILASC.
DENYS.	ROCHEVIEILLE.
FAURE.	VAUX.
FONTAYNE.	VELHEU.
MARTEL.	VIENNOIS.

ARBRE GENEALOGIQVE.

Antoine 1436.
Ieanne de la Fontayne.

Pierre.   Claude 1462.   Charles.

Charles 1505.   Enemoi d.
Claudine Colomb.   Loüife de Vaux.

Antoine. Philibert 1540. Loüis. Marguerite.
          Iacquete de Chivalet. Pierre Proft.

Florie 1572.   Leonard.   Guillaume.   Bartelemy.   Claudine.
Bonne Pafcal.   Ecclef.   Charles Faure.

François 1630.   Antoine.   Ieanne.
Enemonde du Bourg.   Claude
                             Denys.

Iean-François.   Bonne-Marguerite.
                 Girard de Revilafc.

HISTOIRE
ET
PREUVES.

Nous n'avons plus personne de la Famille de Gandil. Ses biens ont passé en celle de Revilasc. Elle habitoit dans le lieu de Genas en Viennois, du Diocese de Lyon.

I. Degré.   **ANTOINE de GANDIL.**

Vivoit l'année 1436. comme il se justifie par un Terrier du Roy de ce temps-là. Il eut pour femme Jeanne de la Fontaine de Bourcieu, laquelle aprés la mort de son mary fit dresser l'inventaire des biens qu'il avoit délaissez le penultiéme de Janvier 1458. Elle luy avoit procreé. *Fontaine.*

1. Pierre.
2. Claude a continué.
3. Charles.

II. Degré.   **CLAUDE de GANDIL.**

Le 25. du mois d'Avril 1462. acquit d'Antoine de Poissieu Archevesque de Vienne, quelques eaux au lieu de Genas, & dans l'acte, il est qualifié Demoiseau. Luy & ses deux freres sont compris parmy les Nobles des Parroisses d'Azieu & de

Genas, dans une revision de feux de l'année 1473. J'ay veu
des reconnoissances passées en faveur de Pierre & de Claude
l'an 1496. où il est dit expressement que les choses reconnuës
l'avoient esté autrefois en faveur d'Antoine de Gandil leur
pere. Ce Claude acquit du Dauphin Loüis, la jurisdiction de
la Maison-Forte de Gandil & les eaux voisines, avec le droit
d'emprisonner hommes & bestiaux, par Lettres de l'année
1462. je n'ay pas sceu qu'elle fut sa femme. Voicy les enfans,

    1. Charles, dont je parleray.

    2. Enemond, allié à Loüise de Vaux, fille de N. Aynard de

Vaux.
Veilbeu. Vaux & de Jeanne Veilbeu.

CHARLES de GANDIL,
*Seigneur de la Maison-Forte de
Gandil & de celle de Bercin.*

III. Degré.

Colomb Claudine Colomb fut sa femme, elle estoit fille de N. Pierre Colomb de la Coste S. André & de Jeanne........ cette
alliance est justifiée par une quittance que Loüis de Poisieu
Seigneur de Pusignan, passa à cette Claudine estant vefve
de ce Charles de Gandil le 6. de Fevrier 1505. où elle est
nommée, mere & tutrice de,

    1. Antoine.

    2. Philibert qui suit.

    3. Loüis.

Prost. 4. Marguerite, femme de Noble Pierre Prost.

PHILIBERT de GANDIL,
*Seigneur des Maisons-Fortes de Gandil
& de Bercin, Capitaine d'Anthon.*

IV. Degré.

Chiva- Jacquette de Chivalet, fille de N. Gaspard de Chivalet, Sei-
let. gneur de la Maison-Forte de Chamon & de Guilemette de
Martel Martel fut sa femme; c'est ce qui se tire du testament de ce
Gaspard de Chivalet de l'année 1540. J'ay veu des reconnoissances

fances en faveur du mefme Philibert de l'année 1524. où il eft dit que l'on en avoit paffé de femblables à Charles de Gandil fon pere. Il eut pour enfans,

1. Flory, qui fera mentionné à la fuite.
2. Leonard.
3. Guillaume, Chanoine à S. Chef.
4. Bartelemy.
5. Claudine, mariée le 11. d'Aouft 1594. à N. Charles Faure fieur de Beuffieres.   *Faure.*

FLORY de GANDIL,
V. Degré.   *Seigneur des Maifons-Fortes de Gandil & de Berein.*

Le 22. de May 1572. Claudine de Gandil fa fœur luy paffa une quittance de fa loyale efcheute dans les biens de Philibert leur pere. Il eut pour femme Bonne Pafcal, fille de N. *Pafcal.* Iean Pafcal Seigneur du Colombier, & de Cecile de Vien- *Viennois.* nois. Il fit fon teftament le 25. de Janvier 1575. & fa vefve fit le fien le 29. d'Octobre 1614. luy ayant furvefcu de prés de 40. ans. Ils eurent pour enfans,

1. François, dont je feray mention.
2. Antoine.
3. Ieanne, époufe de Noble Claude Denys fieur de Cafe- *Denys.* neuve.

FRANCOIS de GANDIL,
[VI. Degré.]   *Seigneur des Maifons-Fortes de Gandil & de Berein.*

Son alliance a efté avec Enemonde du Bourg, fille de N *Du Bourg.* Claude du Bourg fieur de Cefarges & d'Antoinette de Roche- *Rochevieille.* vieille; laquelle tefta le 21. d'Aouft 1630. & luy en fit autant le 9. d'Aouft 1639. Ils eurent pour enfans,

1. Iean-François, lequel eft mort fans avoir efté marié.
2. Bonne-Marguerite, femme de Noble Girard de Revi- *Revilafc.* lafc, fieur de Darne.

D

SALIGNON.

D'Azur au Chevron party d'Or & d'Argent.

D ij

ALLIANCES.

ARCES.	FASSION.
BEAUMONT.	LATTIER.
BERGIER.	MONDRAGON.
BOOSOZEL.	*La* PORTE.
BRESSIEU.	ROSSET.
CHABOUD.	THEYS.
CHASTELARD.	VACHON.

Innocent 1446.
Icanne de la Porte.

Michel.,   Iean 1504.
              Françoife de
              Chaftelard.

Claude 1544.   Pierre.   Bartelemy.   Iean.
Antoinette   Françoife   Ecclef.   Ieanne de
de Bocfozel.   d'Arces.   Beaumont.

Claude 1588.   Enemond.   Florie.   Marie,   Icanne,
Loüife de Roffer.   Claude   Relig.   Relig.
                               Bergier.

Françoife, Loüife. Bartelemy. Iean 1593.   Thomas.   Aynard.François.Claudine,
                      Marguerite   Marguerite   Relig.
                      deMôdragon.de Theys.

            Claudine.   Françoife.   Andrée.
            Bertrand de   François   Antoine
            Faffion.   de Chaboud.   de Lattier,

HISTOIRE

ET

PREUVES.

CETTE Famille eſt eſteinte. Elle eſtoit originaire de Salins dans la Comté de Bourgogne. Elle a premierement parû au Mandement de la Coſte S. André, puis dans le Bourg de Tullin. Je n'ay veu aucuns titres qui m'ayent appris quels eſtoient les anceſtres de Nobles Innocent & Pierre de Salignon qui vivoient en 1440. & eſtoient freres.

I. *Degré.*   INNOCENT *de* SALIGNON.

Le 20. du mois d'Avril de l'année 1446. contracta mariage avec Jeanne de la Porte, fille de N. Humbert de la Porte *La Porte.* du lieu d'Eydoche, & le meſme jour Pierre de Salignon ſon frere épouſa Angletine de la Porte, fille du meſme Humbert. Innocent laiſſa deux fils,

1. Michel, qui vivoit en 1517. je n'ay pas ſceu ſa poſterité.

2. Iean a continué.

II. *Degré.*   IEAN *de* SALIGNON.

Par le teſtament de Noble Claude de Chaſtelar du lieu *Chaſtelar.*

de Hauterive de l'ânée 1504. j'apprens que parmy les enfans

Bref. qu'il avoit eus de Loüise de Bressieu sa femme, il y avoit Fran-
sieu. çoise de Chastelard, qu'il nomme femme de ce N. Iean de Salignon. Celuy-cy eut pour enfans,

1. Claude qui suit.

2. Pierre à qui le Roy Loüis XII. laissa le Gouvernement
de Bayonne auprés des Pirenées contre l'Espagne. Ce ne fut
pas le seul Dauphinois à qui sa Majesté confia la garde de
ses Places frontieres. Imbert de Baternay eut celle du Mont
S. Michel contre l'Angleterre, Claude d'Urre celle de la
Buissiere contre la Savoye, Gabriel de Berenger, celle de
Briançon sur la Mer Mediteranée aux Costes de Provence,
Aymar de Poitiers Seigneur de S. Vallier, celles de Nostre-
Dame de la Garde & de la Tour de saint Iean de Marseille,
Iean de Galle, celle d'Exiles du costé de l'Italie, & Antoine
de Goefrey celle d'Aussonne contre la Franche-Comté. C'est
ce que rapporte Monsieur Expilly au Supplement de l'Hi-
stoire du Chevalier Bayard. Ce Pierre de Salignon eut pour
Arces. femme Françoise d'Arces, côme il se justifie par un homage
qu'elle rendit au Dauphin, estant vefve, le 9. de Novembre
1541. Ie n'ay pas sceu qu'ils ayent laissé des enfans,

3. Barthelemy, Prieur de Chasteau-Double, Vicaire de
l'Evesché de Valence & Abbé de saint Felix.

4. Iean, eut pour femme Ieanne de Beaumont, fille
Beau- de Humbert de Beaumont Seigneur de Hautichamp. Elle en
mont. estoit vefve en 1562.

III. Degré.   CLAUDE *de* SALIGNON.

Bocso- Eut pour femme Antoinette de Bocsozel, laquelle testa,
zel. estant vefve le 19. de Mars 1544. Voicy leurs enfans,

1. Claude, mentionné cy-aprés.

2. Enemond.

Bergier 3. Florie, alliée à N. Claude Bergier du lieu de saint Genis en Savoye.

4. Marie, Abbeſſe du Monaſtere de Bellevive.

5. Ieanne, Religieuſe à la Deſerte à Lyon.

CLAUDE *de* SALIGNON,

IV. Degré. II. *du Nom, Sieur de Cruſille.*

Son alliance fut avec Loüiſe de Roſſet, laquelle luy ſur- *Roſſet.* vécut & teſta le 12.de Mars 1588. Voicy les enfans qu'elle luy procrea,

1. Barthelemy.

2. Iean, aura ſon chapitre.

3. Thomas de Salignon, ſieur de la Buiſſonniere, eut pour femme Marguerite de Theys, & pour toute poſterité *Theys.* deux filles ; ſçavoir Françoiſe de Salignon mariée le 5. de May 1612. avec N. François de Chaboud, & Andrée de Sa- *Cha-* lignon alliée le 20. de Iuin 1620. avec N. Antoine de Lattier *boud.* Seigneur d'Ourcinas & de Bayane. François de Chaboud *Lattier* eſtoit fils de Pierre de Chaboud, & d'Aymare de Moreton. Et de cette Alliance il a eu Antoine de Chaboud ſieur de Nantoüin, marié avec Anne Rivail de Blanieu. Pierre de Chaboud vivoit l'année 1577. Il eut un frere nommé Ennemond, qui épouſa Anne de Briançon, & fut pere d'Eſter de Chaboud, alliée par mariage à N. François de Chamberan. La Famille de Chaboud porte pour Armoiries, *d'Azur à la Croix d'Or au Chef couſu de Gueules, chargé de trois Roſes d'Argent.*

4. Aynard.

5. François, ſieur de Roſſet.

6. Claudine, Abbeſſe du Monaſtere de ſainte Claire de la Ville de Vienne.

7. Françoiſe.

8. Loüiſe.

E

IEAN *de* SALIGNON,
V. Degré.   II. *du Nom*, *Sieur de Crusille*,

Fit certaines conventions le 29. de novembre 1593. avec
Mon- Thomas & François ses freres. Il contracta mariage le 23. de
dragon. May 1603. avec Marguerite de Mondragon, fille de N. An-
Vachon toine de Mondragon Seigneur de la Serra & de Clemence
Vachon. Il en a eu,

Faffion   1. Claudine de Salignon, mariée le 6. de Iuin 1632. avec
N. Bertrand de Faffion, Seigneur de faint Jayme.

FASSION.

De Gueules à la Croix d'Or quantornée en Chef de deux Estoiles de même, & en pointe de deux Roses d'Argent.

ALLIANCES.

BARNIOL.
BERNARD.
BOUCHEROLLES.
BRUYERE.
CHAMBERAN.
CHAPUIS.
COGNOZ.
La COLOMBIERE.
CORMOZ.
La COUR.
EXPILLY.
GARCIN.
GILLIERS.
GUILLERME.
GUILLERMIER.
HANUEL.
LANGON.
LATTIER.
MARC.
MARIN.
MARTEL.
MAUGIRON.

MEERIE.
MONIER.
MONDRAGON.
MONTFORT.
Du MOTTET.
ONCIEU.
ORIGRINE.
PECCAT.
PIERREGOURDE.
PONNAT.
REVEL.
REVILAS C.
RIVAIL.
SALIGNON.
SIGAUD.
STUART.
TABERNIER.
TOLIGNAN.
VACHON.
VARCE.
VEYER.

ARBRE GENEALOGIQVE.

PREMIERE BRANCHE,

QVI EST CELLE

DE SAINTE-IAY.

Guigues 1394.

Pierre 1400.   Aymare.
                    Falcoz Rivail.

Gillet 1451.
Bonnefille Guillerme.

Falcoz 1496.	Pierre,	Guillaume,	Ieanne.
Caterine de Chamberan.	Ecclef.	a fait branche.	George Lattier.
Loüife Garcin.			
Marguerite Rivail.			

Gafpard 1531.	Philibert,	Caterine.	Marguerite.
Caterine Veyer.	a fait branche.	Nicolas de Langon.	Iean Cormoz.

Nicolas.	Iean 1554.	Claude.	Ioffrey.	Loüife.	Ieanne.	Marguerite.
	Enemonde Marc.			Pierre de		Philibert de Revel.
				la Meerie.		Antoine de Montfort.

Gafpard 1591.	Aymar.	Falcoz.	Gabriel.	Ieanne.	Antoinette.	Caterine.
Marguerite du moret.						André d. Bernard

Claude 1617.	Charles,	Charles-Antoine 1631.	Bertrand 1632.	Iean-Charles.
Gafparde Expilly.	Chevalier	Anne Vachon.	Claudine de	
	de S. Iean.		Salignon.	

Loüis.	Charles,	Claude,	Iofeph.	Antoinette,
Françoife-Loüife	Chevalier	Chevalier		Relig.
de Maugiron.	de S. Iean.	de S. Iean.		

E ij

DEUXIEME BRANCHE,

QUI EST CELLE

DE MANTONNE.

Guillaume 1925.
Loüife d'Oncieu.

Eftienne 1556.
Loüife Guillermier.

Guigues.   Marguerite.
            Pierre de Ponnat.

TROISIEME ET QUATRIEME BRANCHES,

QUI SONT CELLES

DE CHATONAY ET DE ROYBONS.

Iacques 1560.
Gabrielle de Boucherolle.

Pierre 1592.   Claude.
Caterine Origrine. a fait
                   branche.

Pierre. Daniel. François 1629. Mathieu.   Françoife.
                Loüife Peccat. Ieanne Marin.   Pierre Barniol.

Denys. Iacques. Marguerite.   Pierre. Daniel. Iacob. Mathieu. Ieanne. Orbigoz.
                                                                      Loüife.

CINQUIEME BRANCHE,

QUI EST CELLE

DE ROYBONS.

Claude 1595.
Claudine Tabernier.
Claudine de Sigaud.

Baltefard 1631.   Iean.
Anne Monier
de Rochechinard.

Baltefard.   Imberte.   Renée.
              Humbert de
              Montdragon.

HISTOIRE

ET

PREUVES.

V ILLENEUVE de Roybons, que l'on dît aujourd'huy communement Roybons, eſt un petit Bourg clos de murailles dans le Bailliage de Saint Marcellin, fondé par Humbert dernier Dauphin de Viennois, ſous le nom de Villeneufve ; comme il ſe juſtifie par les privileges que ce Prince luy accorda lors de ſa fondation, qui ſont dans la Chambre des Comptes de Dauphiné. C'eſt dans ce lieu que je trouve les premiers de la Famille de Faſſion qui me ſoient connus : il y en reſte meſme encore quelques Branches. Son nom eſt Facion en quelques titres, & Faſſion en d'autres.

I. Degré. ### GUIGUES *de* FASSION,

Vivoit environ l'an 1394. comme il ſe juſtifie par le contract de mariage de ſa fille, où il ſe trouva preſent. Je n'ay pas ſceu le nom de ſa femme ; voicy ſes enfans,

1. Pierre qui ſuit.
2. Aymare contracta mariage le mois d'Avril de l'année 1394. avec N. Falcoz Rivail, en preſence de ſon pere & de ſon frere nommé

Rivail.

F

I I. Degré.   PIERRE de FASSION,

Qui le 28. de Decembre 1400. fit passer plusieurs reconnoissances en sa faveur. Je n'ay pas appris quelle fut sa femme. Il fut pere de

I I I. Degré.   GILLET de FASSION,

Qualifié fils de Pierre de Fassion dans son contract de mariage du 9. de May 1451. passé avec Bonnefille Guillerme, fille de N. Estienne Guillerme du lieu de Chasteauneuf de Lalbenc. Il fut compris parmi les Nobles de Dauphiné dans une revision de feux de l'année 1458. & dans un Roolle d'Arriereban de l'année 1474. Il eut pour enfans,

   1. Falcoz dont je parleray.

   2. Pierre, Religieux du Monastere de l'Isle-Barbe auprés de Lyon, duquel Monsieur le Laboureur ancien Prevost de ce Monastere parle dans son ouvrage qu'il a intitulé, *les mazures de l'Isle-Barbe*, & le met aprés l'année 1502.

   3. Guillaume a fait branche.

Lattier.   4. Ieanne fut femme de N. George Lattier.

Guillerme.

     IV. Degré.   FALCOS de FASSION.

Celui-cy eut trois femmes. La premiere eut nom Caterine de Chamberan ; ce qui se justifie par une enqueste de Noblesse faite en 1605. au nom de Charles de Fassion l'un de ses arrierefils, pour estre receu dans l'Ordre de Malthe. La deuxieme femme fut appellée Loüise de Garcin ; la preuve se tire d'une transaction faite entre trois des enfans de son mary en 1532. & la troisieme femme fut Marguerite Rivail, qu'il épousa au mois de Decemb. de l'année 1531. Elle estoit vefve de N. Jean Veyer du lieu de S. Jean de Royans. Elle mourut deux mois aprés. Falcoz eut pour enfans,

Chamberan.

Garcin.

Rivail.

Veyer.

Du premier lict.

1. Gaspard, qui suivra.
2. Philibert, qui eut un fils nommé Jacques, par lequel je commenceray la troisieme branche.
3. Jeanne, mariée à N. Nicolas de Langon. *Langon.*

Du deuxiéme lict.

4. Marguerite, femme de N. Jean de Cormoz du lieu de Serre, laquelle transigea avec Gaspard & Philibert ses freres le 11. d'Avril 1542. *Cormoz.*

V. Degré. GASPARD *de* FASSION.

Contracta mariage le dernier du mois d'Octobre de l'année 1531. avec Caterine Veyer, fille de Noble Jean Veyer, & de Marguerite Rivail; ainsi le pere & le fils épouserent la mere & la fille. L'an 1542. luy & son frere Philibert donnerent le dénombrement de leurs biens Nobles pour en faire homage au Roy Dauphin. Il en fit un avec sa femme l'an 1543. Il testa le 23. de Septemb. 1557. & laissa pour enfans, *Veyer. Rivail.*

1. Nicolas.
2. Jean, aura son chapitre.
3. Claude.
4. Ioffrey.
5. Loüise, alliée à N. Pierre de la Meerie. *Meerie.*
6. Ieanne.
7. Marguerite, mariée en premieres Nopces à N. Philibert de Revel, & en deuxiemes à N. Antoine de Montfort, du lieu d'Arzey mandement des Cotanes. *Revel. Mõtfort.*

VI. Degré. *IEAN de FASSION, Seigneur de Sainte-Iay,*

Contraᵈa mariage le 9. de Ianvier 1554. avec Enemonde
Marc. Marc, fille de N. Iean-Antoine Marc, Seigneur de S. Iayme
Tolignī & de Brion, & de Madelaine de Tolignan. Il fit son testament le 29. d'Aoust 1580. Il se trouva en diverses rencontres
où il signala son zele en faveur du Roy contre les protestans,
sur tout à Crest & à Valance. Il eut pour successeurs,

1. Gaspard, qui sera mentionné à la suite.
2. Aymar.
3. Falcoz.
4. Gabriel.

Ber- 5. Caterine, Epouse de N. André Bernard.
nard. 6. Ieanne.
7. Antoinette.

VII. Degré. GASPARD de FASSION, II. *du Nom, Seigneur de Sainte-Iay, de Brion, & de Saint-Iayme.*

Par contract de mariage du 11. d'Aoust 1591. prit pour
du Mo- femme Marguerite du Motet, fille de N. Charles du Motet,
et. Seigneur de Champier & de Nantuin, & d'Alix Stuard.
Stuard. Ces deux mariez firent un testament reciproque le 13. de
Septembre 1631. par lequel j'apprens qu'ils avoient pour
enfans,

1. Claude, Seigneur de Brion, Advocat general, puis
President au Parlement de Grenoble, lequel épousa le 22.
Expilly de May 1617. Gasparde Expilly, fille unique du celebre Clau-
de Expilly, President au mesme Parlement, & d'Izabeau de
Bonne- Bonneton. Il n'a point laissé d'enfans, & est decedé l'an
on. 1630.

2. Charles, receu Chevalier de l'Ordre de Saint Jean de Hierusalem en 1605. a esté Maréchal de l'Ordre, Ambassadeur du Grand-Maistre à Rome pour prêter l'Obediance filiale au Pape Innocent X. Il fut tué l'an 1638. dans un combat donné contre l'Admiral d'Alger où il estoit General des Galeres. *Saligné Mondragon. Revilasc.*

3. Charles-Antoine, a continué.

4. Bertrand, Seigneur de S. Jayme, qui eut pour femme Claudine de Salignon, fille unique de Noble Jean de Salignon, sieur de Cruzille, & de Marguerite de Mondragon. Il l'épousa le 6. de Juin 1632. Il en eut une fille nommée Marguerite, laquelle a pour mary N. Renaud de Revilasc, Seigneur de Darnes, Consellier au Parlement de Grenoble.

5. Jean-Charles est mort en Piémont commandant une Compagnie au Regiment de Sault.

VIII. Degré. CHARLES-ANTOINE de FASSION, *Seigneur de Sainte-Iay & de Brion,*

S'est signalé aux guerres de Gennes, & particulierement au siege de Gavy. Le 6. de Decemb. 1631. il épousa Anne de Vachon, fille de N. Artus de Vachon, Seigneur de Belmont & de la Roche, & d'Antoinette de Cognoz. Il est vivant en 1672. & j'ay apris de luy qu'il a pour enfans, *Vachon Cognoz*

1. Loüis, à qui je donneray un chapitre.

2. Charles, Chevalier de l'Ordre de Saint Jean de Hierusalem.

3. Claude, Chevalier du mesme Ordre.

4. Joseph.

5. Antoinette, Religieuse au Monastere des-Ayes.

IX. Degré. LOUIS de FASSION,

Marié avec Françoise-Silvie de Maugiron, fille de Loüis de *Maugiron*

Maugiron, Seigneur de Varaſſieu, du Molard & de Plans,
Conſeiller du Roy, Baillif du Viennois, & Maréchal de Camp
Pierre- aux Armées du Roy, & de Loüiſe de Pierregourde.
gourde.

FASSION MANTONNE.
II. BRANCHE.

IV. Degré. GUILLAUME *de* FASSION,
Sieur de Mantonne,

Fils puiſné de Gillet de Faſſion, & de Bonne-fille Guiſſer-
Oncieu me, eut pour femme Loüiſe d'Oncieu, laquelle luy ayant
Martel. ſurvécu, prit pour deuxieme mary Noble George Martel.
Ce Guillaume de Faſſion teſta le 4. de May 1525. & laiſſa,

V. Degré. ESTIENNE *de* FASSION,
Sieur de Mantonne.

Le lieu de ſaint Eſtienne de ſaint Geoirs fut celuy de ſon
habitation. Il ſe trouva à la bataille de Cerizoles en 1543. où
le Comte d'Anguien défit le Marquis du Gaſt. Il eſtoit dans
les Troupes de Boutieres, Lieutenant de Roy en Piémont,
qui commandoit l'avant-garde compoſée de 5000. hommes
de pied François, ſous le vaillant de Theys, de 200. chevaux
legers ſous la charge de Termes Colonel general de la Cavalerie legere, & de la Compagnie des Gens-d'armes du même
Boutieres, qui eſtoit compoſée de 80. hommes. Le 30. de Juillet 1556. cét Eſtienne eſtant dans ſa maiſon, fit ſon teſtament, par lequel j'apprens qu'il avoit eu pour femme Loüiſe
Guiller- Guillermier, laquelle avoit teſté le 23. d'Avril 1555. Ils eurent
mier. pour enfans,

1. Guigues, qui mourut sans posterité.
2. Marguerite eut pour mary Noble Pierre de Ponnat, *Ponnat*
Seigneur de S. Egreve, qu'elle épousa le 29. de May 1565.
Elle a testé le 7. de Novembre 1611.

FASSION DE CHATONAY.
III. BRANCHE.

VI. Degré. JACQUES de FASSION.

J'ay dit dans le quatrieme degré de la premiere branche
que Philibert de Fassion eut un fils nommé Jacques; c'est celuy par qui je commence cette branche: le mesme Philibert
en eut un autre nommé Claude, qui s'allia avec Claudine
Varce, fille de Noble Claude Varce du lieu de Montmirail. *Varce.*
C'est ce qui se tire d'un contract de cession fait par ce Jacques
de Fassion, & par Gabrielle de Boucherelles mariez, le 24. *Bouche*
de Mars 1561. à ce Claude frere de Iacques, & à cette *rolles.*
Claudine Varce, qualifiez aussi mariez. L'alliance faite par
Iacques avec la Boucherolles, se tire de leur contract de
mariage du 7. de Iuillet 1560. Elle est nommée fille de Noble
Guillaume, Seigneur de Boucherolles au Diocese du Puy,
& sœur de Sebastien. Quant à Iacques il y est dit fils de Philibert. Il eut pour enfans,

1. Pierre, qui suit.
2. Claude, a fait branche.

VII. Degré. PIERRE de FASSION,

Contracta mariage le 17. de Novemb. 1592. avec Caterine
Origrine. Gabrielle Boucherolles, mere de l'Epoux, & *Origri-*
Claude son frere y intervinrent. Il predeceda sa femme, la- *ne.*

quelle en qualité de vefve fit proceder à une nomination de tuteur pour fes enfans par des procedures des 13. & 22. Iuillet 1604.. Voicy le nom de fes enfans.

1. Pierre.
2. Daniel.
3. François , aura fon chapitre.
4. Mathieu, a fait branche.

Barniol. 5. Françoife, Epoufe de noble Pierre Barniol.

VIII. Degré.　　FRANCOIS *de* FASSION,
　　　　　　Sieur de la Baftie de Chaftonay.

Peccat.　Son alliance fut avec Loüife Peccat , fille de noble André
Cha- Peccat , & de Marguerite Chapuis , qu'il époufa le 27.
puis. de Mars 1629. Il fit fon teftament le 17. de Iuin 1643. &
laiffa,

1. Denis.
2. Iacques.
3. Marguerite.

FASSION DE ROYBONS.
IV. BRANCHE.

VIII. Degré..　　MATHIEU *de* FASSION,

Fils puifné de Pierre de Faffion & de Caterine Origrine,
Marin. prit pour femme Ieanne Marin , fille de noble Daniel Marin
du lieu de faint Chriftophle de Chaftonay , par contract de
mariage du 4. de Decembre 1623. Il a fait fon teftament le
28. de Decembre 1640. où il nomme pour fes enfans,

1. Pierre, dont je parleray.
2. Daniel.

3. Jacob.
4. Mathieu.
5. Jeanne.
6. Orbigaz.
7. Loüïse.

IX. Degré.   PIERRE *de* FASSION,

A contracté mariage le 25. de Juin 1646. avec Loüïse de
Giliers, fille de N. Alexandre de Giliers, sieur de Ruynel, *Giliers.*
& d'Elizabeth d'Hanuel.   *Hanuel.*

FASSION LA FORTVNIERE.
V. BRANCHE.

VII. Degré.   CLAUDE *de* FASSION,

Fils puisné de Jacques de Fassion, & de Gabrielle de Boucherolles, ainsi qualifié dans son contract de mariage du 3.
de Decembre 1595. passé avec Claudine Tabernier, fille de *Taber-*
Noble Pierre Tabernier, sieur de la Ciserane du lieu de Pe- *nier.*
nod, & d'Ozaine de la Colombiere. Il a testé le 2. de Novem- *Colom-*
bre 1624. Il fait mention de Claudine de Sigaud sa deuxie- *biere.*
me femme, laquelle estoit fille de Noble André de Sigaud, *Sigaud.*
sieur du Palaix, & d'Antoinette de la Cour. Il eut,   *la Cour.*

Du premier lict,

1. Baltesard, qui suit.

Du deuxieme lict,

2. Jean.

G.

VIII. Degré.   BALTESAR *de* FASSION,
Sieur de la Fortuniere,

Epousa le 6. de Juillet 1631. Anne Monier de Rochechi-
Monier. nard, fille de Noble Roman Monier, Seigneur de Rochechi-
Bruye- nard, & d'Imberte de Bruyere. Il a fait son testament le 7.
re. de Juin 1638. & a laissé,

    1.   Baltesard.

Mon-   2.   Imberte, femme de N. Humbert de Mondragon.
dragon.   3.   Renée.

PRACOMTAL.

D'Or au Chef d'Azur, chargé de trois Fleurs de Lys du champ.

ALLIANCES.

AROD.

BEAUMONT.

BOLOGNE.

CHAMBAUTAN.

CLARET.

CLAVESON.

CRUAS.

DARBON.

ESPINE.

LHERE.

MAISON-NEUVE.

MONS.

ODOARD.

PENCHINA.

PRACOMTAL.

La RODE.

ROUX.

SICCARD.

VAUSECHE.

ARBRE GENEALOGIQVE.

Guillaume 1306.
Labiefte de Cruas.

Roftaing 1345.   Pons.
Alix de Chambautan.

Bartelemy.
Amoroffe Odoard 1370.

Ferrand 1390.   Roftaing 1410.
                 Marg. de Beaumont

Guigard 1443.
Beatrix de la Rode.

Ferrand 1497.   Bartelemy. Imbert. Armand, Ioffrey. Marguerite. Gabrielle
Claudine de l'Efpine.   Antoine   Millet de
                                                 Darbon.   Bologne.

Humbert 1539.   Antoine, Nicolas, Guillaume-Mathieu. Ieanne. Caterine.
Marguerite de l'Here. Ecclef.   Moine.   . . . . . .
                                                          Penchina.

Antoine. Claude. Iean 1575.   Marguerite.
                  Claudine Roux.

Antoine 1615.   Loüife. Ieanne. Genevieve.
Magdelaine de   Iean de   Alain de Mons
Siccard.   Clavefon.

Henry 1644.   Pierre-André. Eftienne. Marie.
Claudine Arod.

Armand.   Ieanne-Yrfule.

HISTOIRE

ET

PREUVES.

Ly a eu dans la Ville de Montellimart deux branches de cette Famille ; sçavoir celle d'Anconne & celle de Château-Sublieres. Cette derniere est éteinte; l'autre y habite encore. Il y en a eu une troisieme en Bourgogne, qui est tombée en quenoüille ; c'estoit celle du Baron du Souset ; & il y en a une quatriéme dans la basse Normandie, qui a donné des Gouverneurs au Mont S. Michel.

Guillaume de Pracomtal fit son testament le 6. d'Avril 1302. & fit heritier son neveu nommé comme luy.

I. *Degré*.. GUILLAUME *de* PRACOMTAL,

Qui contracta mariage l'an 1306. avec Labieste de Cruas, *Cruas.* & fit son testament l'an 1360. Il laissa pour ses heritiers,
1. Rostaing, qui suit.
2. Pons.

II. *Degré*. ROSTAING *de* PRACOMTAL,

Fit alliance par mariage avec Alix de Chambautan l'an *Cham-* 1345. & eut pour fils, *bautan.*

III. Degré. BARTHELEMY *de* PRACOMTAL,

Odoard Dont la femme fut Amorosse Odoard, qu'il épousa l'an 1370. & en eut pour enfans,

1. Ferrand, qui fit passer plusieurs reconnoissances en sa faveur l'an 1390.

2. Rostaing, suivra.

IV. Degré. ROSTAING *de* PRACOMTAL, II. *du Nom*,

Qui prit pour femme Marguerite de Beaumont, fille de N. Humbert de Beaumont, Seigneur de la Bastie Rolland, qui luy procrea,

V. Degré. GUIGARD *de* PRACOMTAL, *Seigneur d'Anconne.*

Le Dauphin Loüis, fils du Roy Charles V I I. estant en Dauphiné, où il causa les desordres dont je parleray ailleurs, fit une échange le 23. de Mars de l'année 1443. avec Guigard de Pracomtal de la Terre d'Anconne auprés de Montelimart, que ce Prince luy donna, contre une maison que Guigard avoit dans la Ville de Valance, qui estoit si belle que l'on l'appelloit communément le Palais. Elle ne perdit pas son nom, car le Dauphin l'employa pour y mettre la Senéchaussée du Valantinois, & en fit prendre possession pour ce sujet à Rolland Guillon, qui en estoit Vicenechal, le 17. d'Avril 1454. Guigard prit possession de la Terre d'Anconne le 21. de Juillet suivant. La Senéchaussée de Valance a esté depuis transportée à Crest, & à sa place on a mis un Presidial qui occupe la mesme maison. Guigard demeuroit alors dans la Ville de Montellimart, qui n'est pas fort éloignée du lieu la Rode d'Anconne, & sa posterité a suivy son exemple. Il épousa le

penul-

penultiéme du mois de Ianvier 1449. Beatrix de la Rode, fille de N. Armand de la Rode du Diocese de Nyce, en pre-
sence d'Antoine de Tholon Seigneur de sainte Jalle, Aubert de Chasteauneuf Seigneur Ducros, Jean de Chasteauneuf son fils Seigneur de Chaudenac, Jean de Gaste Seigneur de Thonneins, Pons du Fayet, Guigard de Rostier, & Michel Dupré, tous Nobles. Dans une revision de feux de l'année 1475. Guigard de Pracomtal se trouve au rang des Nobles d'Anconne. Il fit son testament estant fort âgé, le dernier de Fevrier 1497. & ordonna qu'il fut enterré dans l'Eglise de sainte Croix de Montellimart. Il y nomme pour ses enfans, *la Rode.*

1. Ferrand, qui suit.
2. Barthelemy, se signala lors de la guerre de Naples.
3. Imbert, en fit autant.
4. Armand.
5. Joffrey.
6. Marguerite, mariée à N. Antoine Darbon. *Darbon*
7. Gabrielle, alliée à noble Millet de Bologne, Seigneur d'Alanson. *Bologne.*

VI. *Degré.* FERRAND *de* PRACOMTAL, II. *du Nom, Seigneur d'Anconne.*

Claudine de l'Espine fut sa femme. Elle estoit fille de N. Alzear de l'Espine, Seigneur d'Aulanc, & de Loüise de Pracomtal. Il testa le 5. de Juillet 1516. fait executeurs Michel de l'Espine, Seigneur d'Aulanc son beau-frere, Michel de Pracomtal, Seigneur de Chasteau-Sublieres, oncle mater-nel de sa femme, & Claude de Bologne son neveu, fils de Michel de Bologne son beau frere. Voicy ses enfans. *Espine.* *Pracõtal.*

1. Humbert, qui a continué.
2. Antoine, Prestre habitué en l'Eglise Collegiale de sainte Croix de Montellimart, puis Doyen de la mesme Eglise.

H

3. Nicolas , Moine.
4. Guillaume.
5. Mathieu.
Penchi-
na. 6. Jeanne, femme de N. .... Penchina.
7. Caterine.

HUMBERT *de* **PRACOMTAL,**
VII. Degré.   *Seigneur d'Anconne , Capitaine de*
trois cent hommes de pied,

Contracta mariage le premier du mois de Fevrier 1539.
Lhere. avec Marguerite de Lhere, fille de N. Hugues de Lhere, Sei-
Claret. gneur de Glandage , & de Marguerite Claret, & sœur de N.
Claude de Lhere, Seigneur de Glandage. Il fit homage de sa
Terre d'Anconne au Roy Dauphin dans la Chambre des
Comptes de Dauphiné le 9. de Septembre 1541. Il testa le 22.
de Iuin 1544. declara qu'il vouloit estre enterré dans la Chapelle de Ste Caterine en l'Eglise de sainte Croix, où Ferrand
son pere estoit enterré, dit qu'il faisoit son testamét parce qu'il
estoit prest de se mettre en mer pour aller en Corsegue ou
ailleurs, suivant les Ordres du ROY, estant Capitaine en chef
de 300. hommes de pied , & nomma pour ses enfans,

1. Antoine, qui fut son heritier; & comme il fut un des Gentilshommes de son temps qui parut le mieux , & qui fit plus
long-temps la guerre, il acquit une grande reputation. On
l'appelloit ordinairement le Capitaine Anconne, & c'est luy
qui fit la plaisante Devise de sa Maison , PAR TOUT VIT
ANCONNE. Il est renômé dans l'Histoire des guerres civiles
du dernier siécle. Il se signala à la Bataille de Iarnac. Il commanda long-temps dans Angoulesme , & mourut sans avoir
esté marié.

2. Claude.
3. Iean a continué.
4. Marguerite.

VIII. Degré. ## IEAN de PRACOMTAL,
Seigneur d'Anconne.

Paſſa ſes jeunes ans ſur la mer & dans les Vaiſſeaux du Capitaine Paulin. Se trouva à la premiere priſe de la Ville de Montellimart où Il fut bleſſé, contribua par ſa valeur à ce que cette Ville fut oſtée aux Proteſtans qui la reprirent enſuite, & obligerent Pracomtal de ſe retirer en ſon Château d'Anconne où il fut aſſiegé par Leſdiguieres, & y fut tué combattant genereuſement.

Il avoit pris pour femme Claudine Roux le 21. d'Aouſt 1575. Il teſta le 4. de Iuin 1581. laiſſant pour enfans, *Roux.*

  1. Antoine, qui aura ſon chapitre.
  2. Loüiſe, femme de N. Claude de Claveſon. *Claveſon.*
  3. Ieanne.
  4. Geneviéve, alliée à N. Alain de Mons, Seigneur de Savaſſe. *Mons.*

IX. Degré. ## ANTOINE de PRACOMTAL,
Seigneur d'Anconne. & de Château-Sablieres.

Son alliance a eſté avec Madelaine de Siccard de Cublezes, fille de N. Gilbert de Siccard, ſieur de Gimar, & de Ieanne de Vauſeche de la Tourrete, par contraƈt de mariage du troiſiéme de Mars 1615. en preſence de Nobles Gilbert de Vauſeche, Seigneur & Baron de la Tourrete, oncle de l'Epouſée, & François Coloneau du lieu de Montefon. La Maiſon de Vauſeche eſt alliée à celle de Ioyeuſe. Antoine a fait ſon teſtament le 16. d'Aouſt 1630. & a laiſſé, *Siccard Vauſeche.*

  1. Henry, dont je parleray.
  2. Pierre-André, Lieutenant Colonel au Regiment Lyonnois, tué devant la Ville de Dole en 1668. lors que nôtre invincible Monarque y porta la terreur de ſes armes, nonobſtant l'incommodité de l'hyver, & conquit en moins de

quinze jours toute la Comté de Bourgogne.

3. Eftienne, Capitaine au Regiment de Vantadour, fut bleffé au fiége de Roffet, & tué portant les armes pour le fervice du Roy.

4. Marie.

X. Degré.

HENRY *de* PRACOMTAL,

Seigneur d'Anconne, Capitaine au Regiment de Roffillon.

*Arod.
à
Maisõ-
feule.*

Le 5. du mois de Mars 1644. a époufé Claudine Arod, fille de N. Antoine Arod, Seigneur de Senevas & de faint Romain en Jareft, & de Jeanne de Maifon - feule. Elle a eu pour frere un Ambaffadeur extraordinaire pour le Roy, & pour enfans,

1. Armand, Capitaine au Regiment Lyonnois, a long-temps fervy dans l'armée navalle.

2. Ieanne-Urfule.

SAINT-MARCEL.

D'Argent à l'Aigle d'Azur accom-
pagné en pointe de 3. Losanges de
Sable, 2. & 1. & une bourdure
engrelée de Gueules.

De Gueules à trois Chevrons
d'Argent au chef d'Or.

I.

Le premier Ecuſſon qui eſt à la teſte de cette Genealogie eſt celuy de la branche de Vauſſerre, & l'autre de celle d'Avanſon.

ALLIANCES.

ACTUYER.	MORGES.
ALLEMAN.	OURCIERES.
ARMUET.	PORTIER.
COMBOURCIER.	RAME.
FLEARD.	SABRAN.
La FONT.	SAINTE-COLOMBE.
GRIMALDI.	SALVAING.
GRUEL.	SIMIANE.
MEUILLON.	VEYNES.

ARBRE GENEALOGIQVE.

PREMIERE BRANCHE,

QUI EST CELLE

DE VAUSSERRE.

Giraud I. 1202.

Lantelme I. 1243.

Lantelme II. 1281.
Agnés . . . .

Giraud II. 1300.   Isuard.

Guillaume I. 1333.   Lantelme.

Guillaume II. 1352.   Lantelme   Giraud.   Iean.
Dragonette de Veynes.   a fait
                                branche.

Iean I.   Loüis I. 1378.

Alscard 1417.   Iean II. 1394.   François.   Mateline.
                                   Loüise de Meüillon.

            Loüis II. 1419.   Yoland.
                                Iean de Sabran.

            Iean III

            Caterine.   Marguorite.   Alix.
            Claude Gruel.   Gaspard de Rame.

DEUXIE'ME BRANCHE,

QUI EST CELLE

D'AVANSON.

Lantelme III. 1350.

Lantelme IV.1376.	Giraud.	Raybaud a continué fous le nom de Vaufferre.

Humbert I.	Odon.	Loüis.

Humbert II. 1390.		Beatrix. Raymon de la Font.

George I. 1421.

Humbert III.

George II. 1508. Sufanne Portier. Claudine de Morges.	Claude. Ecclef.	Gabrielle. George de Sainte Colombe.	Anne. Claude d'Ourcieres.

Iean III. 1555 PhilipineAlleman.	François, Evêque de Grenoble.	Hugues, Ecclef.	Ieanne. Iean de Salvaing.	Antoinette, Relig.

Laurent	Guillaume, Archevêque d'Ambrun.	Hugues, Ecclef.	Loüife. Iean Fleard. Baltefard de Combourcier.	Françoife. Loüis Armuet.

Iean IV.	Anne. Baltefard. Raymbaud de Simiane.

HISTOIRE
ET
PREUVES.

ES Montagnes de Dauphiné avoient produit cette famille : Son premier nom a esté
celuy de Saint-Marcel ; mais ayant acquis
la Terre de Vausserre le nom de cette Terre luy fut long-temps commun avec l'autre,
& mesme pendant plusieurs années elle
abandonna le premier.

Deux branches reprirent celuy de Saint-Marcel & une
troisiéme a continué de se surnommer de Vausserre, c'est ce
qui m'a obligé de faire deux Genealogies d'une mesme famille, l'une sous le nom de Saint-Marcel qui est celle cy, &
l'autre sous celuy de Vausserre qui suivra.

I. Degré.

GIRAVD *de* SAINT-
MARCEL

Antoine de Ruffi dans l'Histoire des Comtes de Provence
page 139. 140. & 141. met tout au long un acte qui con-
tient certaines conventions faites au mois de Iuin de l'année
1202. entre Guillaume Comte de Forcalquier & le Dauphin fils de Beatrix Duchesse de Bourgogne Comtesse d'Albon & de Vienne ; où Forcalquier aprés avoir donné sa niep-
ce en mariage au Dauphin luy constituë sa dot. Parmy les
témoins on trouve ce Giraud de Saint-Marcel, avec At-

I iij

naud Flotte , Falcon de Veynes, Ifnard d'Arzeliers, Laugier
de Pierre , Ifoard de Pellafol , Raimbaud de Calme, Pierre
Moret, Pierre Rambaud, Iacques Borel , & plufieurs autres
Gentil-hommes de Dauphiné. Ce Giraud de Saint-Marcel
eut pour fils,

II. Degré.　　　　L A N T E L M E *de* SAINT-
　　　　　　　　MARCEL *Chevalier Con-*
　　　　　　　　feigner de Iarjaye,

Que je trouve tefmoin dans un acte de 1243. où la qualité de Chevalier luy eft donnée ; je ne le fais fils de Giraud
que par l'ordre du temps auquel il vivoit , & par la mefme
raifon je crois qu'il fuft pere de ,

III. Degré.　　　　L A N T E L M E *de* SAINT-
　　　　　　　　MARCEL *ou de Vaufferre, II. du*
　　　　　　　　Nom, Seigneur de Vaufferre & d'A-
　　　　　　　　vanfon, & Confeigneur de Iarjaye.

Celuy-cy a efté le premier qui a pris le furnom de Vaufferre, parce qu'il en avoit acquis la Terre; & fous ce nom il fit un
accord le 4. des Kal. de Mars de l'an 1281. avec un Moudon
Albert Chevalier, fur des differens qu'ils avoient enfemble
pour la chaffe & qui furent terminez par l'entremife d'Odon
de Rame, & de Guilaume Oger Confeigneur d'Oze Chevalier. Dans un contract de vente que le mefme Lantelme paffa
avec Agnés fa femme le 23. de Novembre 1296. de quelques
biens à Puiffanieres, il fe furnomme de Saint-Marcel. Il eut
pour enfans,

1 Giraud qui fuit.

2. Ifnard de Vaufferre vivant l'an 1334.

IV. Degré.　　　　G I R A V D *de* V A V S S E R R E
　　　　　　　　II. du Nom, Seigneur de Vaufferre &
　　　　　　　　d'Avanfon, & Confeigneur de Iarjaye.

Ie n'ay point trouvé d'acte où celuy-cy ait pris le furnom
de Saint-Marcel; il fut prefent dans une tranfaction du 5. de
Septembre 1300.faite entrele Dauphin & l'Evêque de Gap,
pour des droits Seigneuriaux;il y a beaucoup d'autres témoins
comme GuiguesAlleman Seigneur de Vaubonnois,Alleman
du Puy Seigneur deRelhanete,GuillaumeArtaudSeigneur de
Glandage, Reynaud de Montauban Seigneur de Montmaur,
Guillaume de Baratier Seigneur de Melue. La femme de ce
Giraud ne m'eft pas connuë,il eut pour enfans,

1 Guillaume dont ie parleray.

2. Lantelme dit le vieux Seigneur d'Avanfon rendit homage de cette terre l'an 1334.

V. Degré.　　　**GVILLAUME de VAUS-**
SERRE *Seigneur de Vaufferre, &*
Confeigneur de Iarjaye.

Le 1r. de Septembre 1333.il vendit à Lantelme deVauffer-
re fon frere tout ce qu'il avoit en la Confegneurie de Iarjaye.
Dans l'acte il eft qualifié fils de Giraud de Vaufferre. Cette
Terre fut demandée au nom du Dauphin, pour droit de
prelation, par Pierre de Pain-Chaud Chevalier qui s'en dé-
partit à la fin,& Lantelme la donna à Guillaume fon neveu.
Celuy-cy eut,

1. Guillaume qui a continué.

2. Lantelme a fait branche.

3. Giraud &Jean dônerent leur bien à Guillaume leur frere
qui s'en fit inveftir par le Dauphin le 2. de Iuin 1335.

4 Jean donc ie viens de parler.

VI. Degré.　　　**GVILLAVME de VAVS-**
SERRE II. *du Nom,Chevalier*
Seigneur de Vaufferre.

Son alliance fut avec Dragonete de Veynes fille de N. ^Veynes.

Guigues de Veynes & d'Aixerande, il rendit homage pour Vauſſerre le 21. du mois d'Aouſt de l'année 1352. au Dauphin Charles de France. Il eut pour enfans,

1. Jean de Vauſſerre Seigneur de Vauſſerre, qui laiſſa pour fils Alzear de Saint-Marcel Seigneur de Vauſſerre, qui preſta homage de cette terre le 15. de Iulliet 1417. Il mourut ſans poſterité.

2. Loüis, aura ſon chapitre.

LOUIS de **VAUSSERRE**
ou de **SAINT-MARCEL,**
Seigneur de Vauſſerre & de Piegu.

VII. Degré.

Dans un homage que rendit au Roy Dauphin, Aixerande femme de Guigues de Veynes, le 9. du mois d'Avril 1378. il eſt parlé de ce Loüis ſurnommé de Vauſſerre & qualifié fils de Guillaume de Vauſſerre Seigneur de Vauſſerre, & de Dragonette de Veynes fille de cette Aixerande. Il rendit homage le 1. du mois de Decembre de l'année 1365. ſous le ſurnom de Saint-Marcel qu'il avoit deja repris, & ce fut pour la terre de Vauſſerre. Il teſta l'an 1390. & le 12. de Mars où il prit auſſi le ſurnom de Saint-Marcel. Craveta dans ſes Conſeils & Monſieur Expilly dans ſes Arreſts parlent de ce Loüis de Saint-Marcel. Ils font mention de ſon Teſtament, & diſent qu'il eut pour enfans,

1. Jean qui mourut ſans poſterité.
2. François qui l'a continuée.
3. Mateline.

FRANCOIS de **SAINT-MARCEL** *Seigneur de Vauſſerre & de Piegu.*

VIII. Degré.

Le chapitre 5. des Arreſts de Mr Expilly dit qu'il eſtoit fils de Loüis, & que Jean eſtoit ſon frere. Je trouve un homage
à la

en la Chambre des Comptes de Dauphiné preſté par ce Jean qualifié fils & heritier de Loüis, du 28. de Ianvier 1394. à la ſuite duquel on lit que Loüis de Saint-Marcel ſon pere Seigneur de Vauſſerre en avoit rendu un le premier de Decembre 1365. où il declara de tenir du Dauphin la terre de Vauſſerre, comme Guillaume de Vauſſerre ſon pere l'avoit tenuë. Il y a auſſi l'enonciatïve de l'homage rendu par ce Guillaume le 21. d'Aouſt 1352. On voit par là que les vns ont pris le ſurnom de Vauſſerre & les autres celuy de Saint-Marcel, & que la preuve eſt certaine que c'eſt une meſme famille; je l'eſtabliray encore auſſi fortement dans la branche d'Avanſon. François frere de ce Jean & qui fait la matiere de ce degré fit homage au Dauphin de la meſme terre de Vauſſerre le 14. du mois d'Aouſt de l'année 1421. Dans l'acte il eſt fait mention de Jean ſon frere mort ſans enfans. Mr Expilly au meſme endroit dit que François laiſſa pour fils Loüis, & je trouve ailleurs qu'il eut pour fille Yoland. Sa femme eut nom Loüiſe de Meüillon, fille de Guillaume de Meüillon Senéchal de *Meüillon.* Baucaire, & de Loüiſe de Grimaldi. *Grimaldi.*

1. Loüis ſera mentionné à la ſuite.

2. Yoland mariée à N. Jean de Sabran le 9. de Ianvier *Sabran.* 1444. en preſence de Loüis ſon frere.

IX. degré. **LOUIS de SAINT-MARCEL** *II. du Nom, Seigneur de Vauſſerre & de Piegu,*

Suivit le Dauphin Loüis en Savoye, & en Flandres. Ce Prince l'avoit en quelque conſideration, parce qu'il luy eſtoit obligé; car ce fut luy qui l'avertit du deſſein que Charles ſon pere avoit pris de ſe ſaiſir de ſa perſonne lors qu'il ſe retira en Dauphiné. Saint-Marcel eſtoit alors à Paris où il playdoit contre George de Saint-Marcel Seigneur d'Avanſon, j'ay veu quelque procedures de ce procés. On tient que parmy les gentils-hommes de Dauphiné qui ſe ſignalerent à la ba-

K

taille d'Anton', celuy-cy en fut un. Elle se donna en 1429. Raoul de Gaucourt Gouverneur de Dauphiné commandoit nostre armée & défit le Prince d'Orange qui se sauva sur un cheval auquel il fit passer le Rosne. J'en ay parlé ailleurs. Loüis de Saint-Marcel eut pour fils suivant le mesme Mr Expilly,

X. Degré.   JEAN *de* SAINT-MARCEL
Seigneur de Vausserre & de Piegu.

Je n'ay pas sceu son alliance: mais j'aprends dans le chapitre des Arrests de Mr Expilly que j'ay deja cité, qu'il laissa trois filles.

Gruel.   1. Caterine femme de N. Claude Gruel Seigneur de La-borel.

Rame.   2. Marguerite alliée à N. Gaspar de Rame Seigneur de Savines, des Crottes & de Puyssannieres.

   3. Alix.

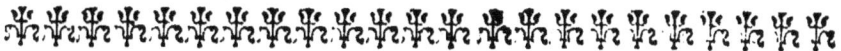

SAINT-MARCEL D'AVANSON.
II. BRANCHE.

VI. Degré.   LANTELME *de* VAVSSERRE
Seigneur d'Avanson III. du Nom,

Fils puisné de Guillaume de Vausserre premier du nom. Le 14. de May 1338. Guillaume de Vausserre son frere luy vendit la Conseigneurie de Jarjaye que son oncle luy avoit donnée; comme aussi tout ce qui estoit compris dans la donation faite à ce mesme Guillaume, par Giraud & Jean de Vausserre

ſes autres freres; Guillaume y eſt qualifié fils d'autre Guillaume
& petit fils de Giraud. Ce Lantelme 3. rendit homage de ſa
terre d'Avanſon le 16. de Mars 1350. au Dauphin Charles.
l'ay apris que ſes enfans furent

    1. Lantelme dont je parleray.

    2. Giraud Conſeigneur de Jarjaye & d'Avanſon.

    3. Raybaud qui a continué la famille ſous le nom de Vauſ-
ferre. l'en ay fait une Genealogie ſeparée.

          VII. Degré
                        LANTELME *de* SAINT-
                        MARCEL, *Chevalier IV. du*
                        nom , Seigneur d'Avanſon.

Voicy le premier de cette branche qui a repris le ſurnom
de S.-Marcel. Il eſt ainſi ſurnommé dans l'homage qu'il rendit au Dauphin pour la Seigneurie d'Avanſon ou Laual d'A-
vanſon le 18. de Iuin 1376. Il eut pour enfans,

    1. Humbert qui mourut ſans poſterité.

    2. Odon a continué.

    3. Loüis Conſeigneur d'Avanſon.

          VIII. Degré
                        ODON *de* SAINT MARCEL,
                        Seigneur d'Avanſon,

Ne ſurveſcut gueres ſon pere, & laiſſa pour enfans,

    1. Humbert qui fera la matiere du degré ſuivant.

    2. Beatrix qualifiée fille d'Odon de Saint-Marcel Seigneur
d'Avanſon , dans ſon contract de mariage du 10. de May
1387. paſſé avec N. Raymon de la Font Conſeigneur de Savi- *la Font*
nes, en preſence de N. Humbert de Saint-Marcel ſon oncle,
nommé fils de Lantelme de Saint-Marcel.

          IX. Degré
                    HUMBERT *de* SAINT-
                    MARCEL, *premier du Nom, Seigneur*
                      d'Avanſon & de Saint Eſtienne,

Dans un homage qu'il rendit le 1. de Juin 1390. il eſt dit qu'il eſtoit fils d'Odon de Saint-Marcel, petit fils de Lantelme de Saint-Marcel, & arrierefils d'autre Lantelme de Vauſſerre; que ſon biſayeul rendit homage l'an 1350. que Lantelme ſon ayeul en fit autant l'an 1376. Ce ſeul acte qui eſt dans la Chambre desComptes de Dauphiné, prouve clairement que Vauſſerre & Saint-Marcel eſt une meſme мaiſon, & ont ſem·blable origine. Humbert rendit un autre homage le 26. de Novembre 1413. où il parle de Lantelme ſon ayeul. Il eut pour fils,

GEORGE *de* SAINT-MARCEL

X. Degré.   *premier du Nom, Seigneur de Laval d'Avanſon & de Saint Eſtienne.*

Monſieur le Preſident Expilly en l'endroit que j'ay déja cité dit que ce George fut fils de Humbert; ce qui ſe juſtifie encore par un homage qu'il rendit le 14. d'Aouſt 1421 où il eſt qualifié Seigneur d'Avanſon & de Saint Eſtienne fils & heritier de N. Humbert de Saint-Marcel Seigneur des meſmes lieux; Il ſe trouva auſſi à la bataille d'Anton. J'ay veu le contract de mariage de Sochon Flotte Seigneur de la Roche des Arnauds du 3. de Juin 1434. où il eſt nommé comme témoin. Il laiſſa pour fils ſelon le meſme Mr Expilly

HVMBERT *de* SAINT-MARCEL *II. du Nom, Seigneur*

XI. Degré   *d'Avanſon & de Saint Eſtienne.*

Comme les papiers de cette maiſon ſont écartez & paſſez entre les mains de ceux qui luy ont ſuccedé; je ne puis pas, comme je le ſouhaiterois, eſtablir toutes les filiations par teſtamens, par mariages, ou par d'autres titres domeſtiques; les plus grandes preuves qui me reſtent c'eſt l'Arreſt de Mr Expilly dans lequel il eſt dit que ce Humbert laiſſa pour fils

DE SAINT-MARCEL.

George, & j'apprends d'ailleurs qu'il eut pour enfans,

1. George qui suit.
2. Claude Chanoine & Sacriſtain de Gap.
3. Gabrielle mariée à N. George de Sainte Colombe.
4. Anne Epouſe de N. Claude d'Ourcieres.

Ste. Co-
lombe.
Ourcie-
res.

GEORGE de SAINT-MARCEL

XII. Degré. *II.du Nom,Seigneur d'Avanſon & de S.Eſtienne, Advocat General, puis Conſeiller au Parlement de Grenoble.*

Le 29. de Juillet de l'année 1508. il contracta mariage avec Suſanne Portier fille de N. Guigues Portier & de Marguerite Actuyer,en preſence de NN. Soffrey Alleman Lieutenant au Gouvernement de Dauphiné, Antoine Mulet, François Marc, Martin Gallian, Conſeillers Delphinaux, Claude Marc, Andre de Morges Seigneur de la Mote & du Chaſtelard, Claude de Saint-Marcel frere de l'Epoux, Jean Chantarel,Antoine Actuyer Secretaire Delphinal, Joachim Caſſard,Olivier du Motet, François Chantarel, Michel Galbert, & Eynard de Moretel. Il avoit pour deuxieme femme l'an 1510. Claudine de Morges fille de N. André de Morges Seigneur du Chaſtelard & de la Mote, & de Madelaine Portier.C'eſt ce George qui donna lieu à l'Arreſt du Parlement de Grenoble dont parle Mr Expilly,par lequel les biens de la branche de Vauſſerre luy furent adjugez à défaut d'enfans maſles. Il eut du deuxiéme lit,

Portier.
Actuyer
Morges
Portier.

1. Jean dont je parleray.
2.FrançoisPrieur de Sigotier,Prevoſt de l'Egliſe Collegiale de Saint André de Grenoble,puis Eveſque du meſme lieu,& Conſeiller au parlement de Dauphiné. Il eſtoit ſeulement nommé à cette Eveſché lors qu'il s'oppoſa la Croix à la main aux déſordres que le Baron des Adrets & ſes troupes voulurent faire en l'Egliſe Cathedrale de cette ville , & la ſauva des inſultes des Proteſtans par ſa fermeté & ſes remontrances.

K iij

3. Hugues Prevoſt de l'Egliſe d'Ambrun.

4. Jeanne mariée à N. Jean de Salvaing Seigneur de Bel-
leſtre.

5. Antoinette Religieuſe à Montfleury.

JEAN *de* SAINT-MARCEL
Conſeiller du Roy en ſes Conſeils &
au Parlement de Grenoble, Maiſtre
des Requeſtes Ordinaire de ſon Hoſtel,
XIII. Degré.   *Ambaſſadeur à Rome pour le Roy*
Henry II. Surintendant des Finances,
Seigneur d'Avanſon, de S. Eſtienne
de Saint Romain & de Vauſſerre

Fut l'un des Favoris du Roy Henry II. qui ſe fit Conſeiller en ſon Conſeil Privé, Maiſtre des Requeſtes de ſon Hoſtel, & Surintendant des Finances ; & lors qu'il mourut, il
avoit le brevet de Garde des Seaux de France. Le même
Roy l'envoya ſon Ambaſſadeur à Rome, pour negotier avec
le Pape Paul IV. la conqueſte du Royaume de Naples ; ſa
Sainteté en ayant offert l'inveſtiture à un de ſes enfans,
pourveu que ſa Majeſté le ſecouruſt contre les Colomnes &
les Vitellys, deux maiſons conſiderables dans l'Italie ; c'eſtoit
en 1555. Monſieur de Thou parle de cette Ambaſſade en
pluſieurs endroits de ſon Hiſtoire, & il dit que ſur certaine
ligue que le Pape vouloit faire, & en laquelle il vouloit in-
tereſſer le Roy, ſa Majeſté en écrivit à d'Avanſon ſon Ambaſſadeur. Ce même Autheur adjoûte que lors que les Impe-
riaux menaçoient Rome, on s'aſſembla dans la maiſon de
cet Ambaſſadeur l'an 1556. pour deliberer ſur les expediens
qu'il falloit prendre dans une ſemblable conjonĉture, & que
Blaiſe de Montluc fit au peuple une harangue militaire. Le
Pere Hillarion de Coſte de l'Ordre des Minimes dans les
Eloges qu'il a faits des Dauphins de France, dit particulierement *que ceux qui eſtoient en grand credit auprés de ce Monarque,*

eſtoient Diane de Poitiers Duchesse de Valantinois, & Monſieur
d'Avanſon, grand homme d'Eſtat, le ſupport des Poëtes & des hom-
mes de lettres, qui l'ont tous loué dans leurs écrits, entre autres du
Bellay, Olivier de Magni & Ronſard qui chantoit,

Que toûjours Avanſon maugré l'âge fleuriſſe;
Car il ayme les vers & tous ceux qui les font.

Le Roy Henry II. eſtant mort, Monſieur de Thou dit que
les Miniſtres du Roy François II. firent de grands changemens parmi ceux qui avoient eſté en charge pendant l'autre regne, que la Ducheſſe de Valantinois fut même chaſ-
ſée impunément: mais que d'Avanſon qui ſçavoit le ſecret
des Princes de Guiſe, fut retenu à la Cour, parce que l'on le
craignoit, & qu'il ſembloit propre à leurs deſſeins; neanmoins
qu'on luy oſta l'épargne qu'il avoit euë. Philippine Alleman
d'Alieres eſtoit ſa femme: Elle eſtoit fille de Humbert Alleman troiſiéme du nom, Seigneur d'Allieres, & d'Heleine
Alleman de Laval. Il laiſſa pous enfans, All mā,
Allemā.

1. Laurent dont je feray mention.

2. Guillaume Archevéque d'Ambrun, Abbé de Montma-
jour, aſſiſta au Concile de Trente par ordre du Roy, & re-
venant d'Italie, il amena avec luy des Auguſtins déchauſſez
qu'il eſtablit en Dauphiné, & dans le Prioré de Villarbenoit
qui eſtoit à luy, au mandement d'Avalon en la vallée de
Graiſivodan, ce fut l'an 1595. Ils y ont encore un Convent,
duquel ſont emanez tous les autres qui ſont en France. Cet
Archevêque eſt mort le plus ancien Prelat de toute la Chre-
ſtieneté. Davila parle de luy au livre 9. de l'Hiſtoire des
guerres civiles de France, & dit qu'il porta la parole au
Roy Henry III. à la teſte de ceux qui luy eſtoient deputez,
pour faire declarer à ce Prince que Henry Roy de Navarre,
eſtoit incapable de luy ſucceder.

3. Loüiſe mariée deux fois; la premiere avec N. Jean
Fleard Seigneur de Preſſins, de Tullins & de Moretel, Preſident en la Chambre des Comptes de Grenoble; & la deuxiéme avec Baltesard de Combourcier Seigneur du Moneſtier, Fleard

Com-
bourcier

Chevalier de l'Ordre du Roy, Gentilhomme ordinaire de sa Chambre.

Armuet 　　4.　Françoise Epouse de N. Loüis Armuët , Seigneur de Bonrepos.

LAVRENT de SAINT-MARCEL

XIV. Degré. 　　　*Seigneur d'Avanson.*

Par une transanction faite le 17. de Janvier 1572. entre Hugues de Saint-Marcel, comme tuteur des enfans de celuy-cy, & Loüise & Françoise ses sœurs; j'apprens que Jean leur pere estoit mort ab intestat , qu'il avoit laissé les enfans que j'ay nommez, & que celuy-cy avoit eu

　　1.　Jean decedé sans posterité.

Simia-ne. 　　2.　Anne alliée à Baltesard Raymbaud de Simiane , Baron de Gordès.

VAUSSERRE.

D'Azur à trois Coqs d'Or, creſtez, barbelez, oreillez
& onglez de Sable.

Comme les deux branches qui font dans la Genealogie precedente ont eu des Armoiries differentes, il ne faut pas s'étonner du changement de celle-cy.

ALLIANCES.

ALLESSO.	PELLAFOL.
ANDRIER.	PONCET.
BEAUMONT.	Du PUY.
BERTRAND.	REYNARD.
Du BOIS.	La ROCHE.
CHEVALIER.	SEGUR.
CHYPRES.	TONARD.
GRAS.	La TOUR.
HANIVEL.	VEYNES.
MONTAUBAN.	YSE.
MONTORSIER.	

ARBRE GENEALOGIQVE.

Raybaud 1380.
Marguerite de Montorfier.

Iean 1440.

Bartelemy 1470.
Marguerite de Pellafol.

Guillaume 1520.	Aynard 1522. Ecclef.	Antoinette Relig.

Girard 1566. Bonne de Reynard.	Baltefard, Eccl.

Guillaume 1574.
Caterine Poncet.

Salomon. Marie du Bois.	Iacques, Charlote de Chypres.	Cefar. Sufanne de Beaumont. Marguerite Dupuy.	Ifabeau. Salomon Chevalier.	Caterine.

Marie. Pierre de Hanivel.	Iuftine. Iean Bertrand.	Iean. Olimpe Tonard.	Iuftine. René de la Roche.	Ifabeau. Alexandre d'Yfe.	Ifabeau - Renée, Lucreffe & Madelaine.

Charles. Cefar. Alexandre. Daniel. Olimpe-Iuftine. Marguerite.

HISTOIRE

ET

PREUVES.

'A Y dit dans la Genealogie de Saint-Marcel, que Vaufferre & Saint-Marcel eftoient même Famille, & je crois de l'avoir fuffifamment prouvé. Celuy par qui je commence celle-cy eftoit fils de Lantelme de Vaufferre III. du Nom, Seigneur d'Avanfon, & par confequent il a fait le feptiéme degré parmi ceux qui me font connus.

RAYBAUD de VAVSSERRE
VII. Degré. Confeigneur de Montorfier,

Eut pour femme Marguerite de Montorfier, Dame en partie de Montorfier, & vivoit l'an 1380. Il eut pour fils,

Montor-fier.

JEAN de VAVSSERRE
VIII. Degré. Confeigneur de Montorfier.

Le 11. d'Aouft de l'année 1360. il fut fait des conventions touchant les fourches patibulaires du lieu de Montorfier, entre N. François Gras Chaftellain Delphinal de Champfaur, faifant pour le Dauphin ; & NN. Guillaume, Jean, Bertrand & Jacques de Montorfier, Confeigneurs du lieu, où il fut dit que la Jurifdiction en feroit commune ; ce qui fut confirmé

L iij

par d'autres conventions du 18. de Juin 1404. où ce Jean de Vauſſerre ſe trouva intereſſé comme Conſeigneur de Montorſier, en qualité d'heritier de Marguerite de Montorſier ſa mere. Dans un homage qu'il rendit le 24. de Janvier de l'année 1400. il eſt qualifié fils de N. Raybaud de Vauſſerre Conſegneur de Montorſier & de Rorenches, le Latin dit de *Rorenchÿs*. Il eſt compris parmy les Nobles de Dauphiné dans une reviſion de feux de l'année 1427. Il vivoit encore en 1440. Il eut pour fils,

IX. Degré.   BARTELMY *de* VAVSSERRE.

Pellafol Marguerite de Pellafol fut ſa femme, au nom de laquelle il rendit homage à Gerad de Cruſſol Eveſque de Dye, le 18. de May 1470. pour ce qu'elle avoit à Vaudromme & à ſaint-Didier. C'eſt le premier qui paſſa dans la Ville de Dye, où ſa poſterité a depuis fait ſon ſejour pendant quelques-temps. Il vivoit encore l'an 1479. & il eut pour enfans,

   1. Guillaume qui ſuit.

   2. Aynard Chanoine en l'Egliſe Cathedrale de Dye, vivant l'an 1522.

   3. Antoinette Religieuſe à Montfleury.

X. Degré.   GVILLAUME *de* VAVSSERRE *II. du Nom,*

Habitoit dans la Ville de Dye l'an 1520. comme il ſe juſtifie par une enqueſte de l'an 1566. Il eut pour enfans,

   1. Girard qui a continué.

   2. Baltefard Chanoine dans la meſme Egliſe;

XI. Degré.   GIRARD où GIRAUD *de* VAVSSERRE *III. du Nom.*

Par l'enqueſte de l'année 1566. il conſte qu'il eſtoit fils de Guillaume, frere de Baltefard Chanoine de Dye, & neveu

d'Aynard Chanoine au mesme endroit. Bonne de Reynard *Rey-*
fut sa femme, elle estoit fille de N. Gaspard de Reynard & de *nard.*
Jeanne Andrier. Il eut, *Andrier*

GVILLAUME *de* VAVSSERRE
III. du Nom,

Qualifié fils de N. Girard de Vausserre de la Ville de Dye,
dans son contract de mariage du 17. d'Aoust 1574. passé avec
Caterine Poncet fille de N. Iean Poncet Conseigneur de *Poncet.*
Laye, & de Ieane Gras. Elle estoit vefue de N. Claude de Vey- *Gras.*
nes Seigneur de Chichiliane. Furent presens à ce contract *Veynes.*
NN. Giraud Berenger Seigneur de Morges, François de Bonne
Seigneur de Lesdiguieres, Aubert Martin Seigneur de Champoleon, Gaspard de Montauban Seigneur du Villard, François Bouvard du lieu d'Aspres, & Gaspard Gay. Cette Poncet
fit son testament le 23. de Novembre 1606. estant vefue de
Guillaume de Vausserre, qui avoit fait le sien le 5. de Fevrier
1590. Par ces deux actes j'apprens qu'ils eurent pour enfans,

1. Salomon qui épousa Marie du Bois. Il en a eu deux filles,
l'une appellée Marie, s'est alliée en premieres nopces à
Noble   de Segur, Seigneur de Segur en *Segur.*
Bearn ; & en deuxiéme nopces à Noble Pierre de Ha- *Hani-*
nivel Seigneur de saint Laurent & Baron de Pontcheuron *vel.*
d'une famille de Normandie. Du premier lict elle a eu un
fils & une fille, le fils a esté Ayde de Camp dans l'armée de
Mr le Prince contre les Holandois en 1672. & fut de ceux
qui passerent si hardiment le Rhin. La fille est mariée à N.
d'Alesso, fils d'un Conseiller au Parlement de Paris *Alesso.*
& Seigneur d'Eragny aupres de Pontoise. Du deuxiéme lict
la fille de Salomon de Vausserre a un fils.

2. Iacques a eu pour femme Charlote de Chypres fille de *Chypres*
N. Iacques de Chypres sieur de Souberoche & de Iustine de *Montau-*
Montauban, laquelle luy a procrée Iustine de Vausserre, *ban.*
mariée à N. Iean Bertrand sieur de la Grazette. *Bertrād*

3. Cesar aura son chapitre.

4. Isabeau mariée à N. Salomon Chevalier sieur de Hau-
tecombe.

5. Caterine.

CESAR de VAVSSERRE
*Seigneur de Saint Desier, Baron
des Adrets & de Theys.*

XIII. Degré.

Pendant les guerres de la ligue, celuy-cy êtant encore fort
jeune, commença son aprentissage dans les Armes sous le Fameux François de Bonne, qui fut en aprés Duc de Lesdiguieres, & Connestable de France, & servit toûjours dans les
interests du Roy Henry le Grand. Ce Prince l'eleva en diverses charges de l'Armée, & il avoit une Compagnie de gens
de pieds lors que ce Grand Monarque fut tué. Il en avoit eu
la commission le 11. de May de l'année 1610. trois jours
avant ce coup funeste. Il y a apparence qu'il estoit Capitaine auparavant; car ses Lettres le qualifient le Capitaine des
Adrets. Il eut le même zele pour le service du Roy Loüis XIII.
qu'il avoit eu pour son predecesseur; & l'ayant fait connoi-
stré en plusieurs occasions, Sa Majesté l'en recompensa par
une pension annuelle de 1200. liv. pour laquelle il luy fit
expedier un Brevet le 28. d'Avril 1616. Il fut fait Capitaine
au Regiment de Sault, par commission du 13. de Novembre
1621. & en cette qualité ayant combatu en diverses rencontres, & avec beaucoup d'avantage; le Roy luy en écrivit
avec eloge, par une lettre du 21. de Septembre 1624. En
1625. estant sans charge, Sa Majesté luy promit de luy donner la premiere vaccante, & cependant elle luy fit don de
2000. liv. par un Brevet du mois de Ianvier de la même année; & celuy de Fevrier suivant, il eut une commission de
Capitaine au Regiment de Rambures, où il estoit encore l'an
1628. & sous laquelle il se trouva au siege de la Rochelle;
qu'une maladie qu'il eut l'obligea de quitter avec un congé
du

du Roy du 17 d'Octobre de cette année-là. Il a suivi la guerre pendant plus de 40 ans. Il eut deux femmes. La premiere eut nom Sufanne de Beaumont, fille du fameux Baron des *Beaumont.* Adrets François de Beaumont. Et la deuxiéme Marguerite du Puy, fille de Jean Alleman du Puy, Marquis de Montbrun, & de Lucreffe de la Tour : laquelle il époufa le 12 de *la Tour.* Janvier 1629. Il a eu de cette derniere femme.

1. Jean qui fera mentionné à la fuite.
2. Juftine, femme de N. René de la Roche de Grane. *la Roche.*
3. Ifabeau, alliée à N. Alexandre d'Yfe. *d'Yfe.*
4. Ifabeau-Renée.
5. Lucreffe, Religieufe au Monaftere de Sainte Cecille de Grenoble, de l'Ordre de S. Bernard.
6. Madelaine, Religieufe au même endroit.

JEAN de VAVSSERRE,
Baron des Adrets, Seigneur de Theys, de Saint Defier, &c.

XIV. *Degré.*

Il a fuivi les traces de fon pere, & dés fes jeunes ans il a paru les armes à la main. Il fut fait Capitaine de Chevaux Legers au Regiment de Montbrun par Commiffion du 7 de Septembre 1648. Il combattit dans cette defaite des rebelles de Provence en 1649. avec fa Compagnie, & à la tefte du même Regiment qu'il commandoit. Son cheval y fut tué, & luy y fut bleffé d'une moufquetade à l'épaule. La relation de ce combat fut imprimée, & il y eft parlé de luy fort avantageufement. Il continua de fervir pendant quelques années aprés. Il a contracté mariage le 12 de Novembre 1651. avec Olimpe Tonard, fille unique de N. Charles Tonard Seigneur d'Yfon, Confeiller au Parlement de Grenoble. Il a *Tonard.* pour enfans.

1. Charles.
2. Cefar.
3. Alexandre.

4. Daniel.
5. Olimpe-Juftine.
6. Marguerite.

M

MERINDOL.

D'Azur à l'Arondelle d'Argent posée en bande.

ALLIANCES.

BAISSE.	POITIERS.
CVRETE.	ROVX.
LAVRIS.	VAVX.
MIANE.	VERNET.

ARBRE GENEALOGIQVE.

Pierre 1506.
Dauphine de Miane.

Bertrand 1545.
Marguerite Lauris.
Dauphine de Vaux.

Honoré.   Iean 1594.   Françoife.
Ifabeau de Baiffe.

Achilles 1631.
Caterine de Vernet.

Iofeph. Loüis. Caterine. Françoife.

HISTOIRE

ET

PREUVES.

MERINDOL eſt un Bourg dans la Provence, qu'une Famille de même Nom a tenu autrefois en Fief, & de la mouvance des Comtes de la même Province. Ceſar Noſtradamus dans la Chronique de Provence parle de pluſieurs incidens arrivez dans ce Bourg, allegue quelques actes, & fait pluſieurs narrations où ceux de la Famille ont eu intereſt, & adjoûte que de tout temps elle a eſté reputée pour noble dans le païs.

Pons de Merindol l'an 1150. fut l'un des Seigneurs de Provence qui ſoutinrent le parti d'Eſtephanette, Fille du Comte Gilbert, contre Berenger. *Noſtradamus.*

Audibert de Merindol fut l'un de ceux qui ſe trouverent preſens l'an 1217. à une donation que fit le Comte Raymon Berenger à Pierre Oger, Gentilhomme de ſa Cour. *Noſtradamus.*

L'an 1334. & le 25 de Juillet Guillaume de Merindol, du lieu de Merindol, preſta hommage lige au Dauphin Humbert; c'eſt ce qui ſe lit dans les titres de la Chambre des Comptes de Dauphiné.

Martin & Roſtaing de Merindol furent du nombre des ſix Gentilshommes citez en 1366. pour répondre de certaines rebellions dont ils eſtoient accuſez envers la Reine Jeanne; c'eſt Noſtradamus qui le dit encore dans

la même Chronique imprimée l'an 1613. où il fait un difcours fort ample de la Nobleſſe de cette Maiſon, & en donne les Armoiries telles qu'elles ſont à la teſte de cette Genealogie. Les Eſtats de Provence recompenſerent l'Autheur
de la ſomme de trois mille livres; pour faire voir que cét ouvrage fut approuvé.

La même Famille a paru long-temps dans le lieu de Merindol, ou dans celuy de Lambeſc au Dioceſe d'Aix. Un
Cadet paſſa en Dauphiné & dans le Dioceſe de Valence,
où il ſe maria. Je commenceray à ſon ayeul pour n'avoir
veu aucun titre qui puiſſe me permettre de la prendre plus
haut.

I. *Degré.* PIERRE *de* MERINDOL.

Dans ſon contract de mariage du 26 de May 1506. paſſé
avec Dauphine de Miane, eſt nommé originaire de Lambeſc au Dioceſe d'Aix. Cette Dauphine eſtoit fille de N.
Simon de Miane, & elle luy procrea.

Miane.

II. *Degré.* BERTRAND *de* MERINDOL.

Qui fut marié deux fois; la premiere avec Marguerite
Lauris. Lauris, fille de N. Charles de Lauris & d'Honorade Roux
Roux. de la ville de Salon en Provence, par contract de mariage
du 28 de Decembre 1545. La deuxiéme fut avec Dauphi-
Vaux. ne de Vaux, fille de N. Jean de Vaux, Juge Royal de Siſte-
Curete. ron, & de Françoiſe Curete, par autre contract du 16
d'Aouſt 1555. où Bertrand eſt qualifié fils de Pierre. Il teſta
le 3 de Mars 1566. & laiſſa.

1. Honoré.
2. Jean a continué, & paſſé en Dauphiné.
3. Françoiſe.

III. Degré. JEAN *de* MERINDOL,
Sieur de Vaux.

Le 5 de Juin de l'année 1594. contracta mariage avec Iſabeau de Baiſſe, fille de N. Adrian de Baiſſe du lieu d'Upie *Baiſſe.* en Dauphiné au Dioceſe de Valence, & de Caterine de Poitiers. Il acquit du bien à Montmeyran au même Dioce- *Poitiers* ſe, où il s'eſtablit, & où ſa poſterité a fait ſon ſejour.

IV. Degré. ACHILLES *de* MERINDOL,
Sieur de Vaux.

Qualifié fils de Jean dans ſon contract de mariage du 17 de Septembre 1631. paſſé avec Caterine de Vernet, de la- *Vernet.* quelle il a eu pour enfans.

   1. Joſeph.
   2. Loüis.
   3. Caterine.
   4. Françoiſe.

V. Degré. JOSEPH *de* MERINDOL,
Sieur de Vaux.

Eſt vivant en 1674. & exerce la charge de Conſeiller du Roy, Treſorier de l'extraordinaire des guerres en cette Province.

BARDONECHE

OU

BARDONENCHE.

D'Argent au treillis de Gueules cloüé d'Or, au chef d'Or,
chargé d'un Aigle naissant de Sable.

N

ARMOIRIES.

LE Bourg de Bardoneche portant pour Armoiries d'argent au treillis de Gueules cloüé d'or : on doute s'il les a empruntées de cette Famille, ou si la Famille les tient de luy. Cette question n'est pas sans difficulté; & je la laisse à decider.

Outre ce treillis, la Famille porte en chef un Aigle naissant de sable.

La multiplicité de branches qu'elle a produites, a donné lieu à diverses brisures, & à des changemens aux meubles du chef; mais jamais elles n'ont abandonné le treillis, qui a esté comme la marque d'une même origine.

On a veu ce chef chargé de trois Corneilles pour les uns, de trois Croissans pour les autres, & quelques-uns y ont mis des Fleurs de Lys, ou des testes de Vaches; il s'en est trouvé qui ont traversé ce treillis d'une bande chargée de trois Fleurs de Lys; & l'on a veu quelquefois un parti du treillis & d'un Griffon.

Cette diversité d'Armoiries est prouvée par une enqueste de l'an 1600. faite sur le different du Sieur de Jouffrey moderne Seigneur de Bardoneche, & des habitans du lieu, au fait des mêmes Armoiries.

ALLIANCES.

ARMAND.
ARNOVX.
AYNARD.
BARDONENCHE.
BLOSSET.
BREMON.
BRENIEV.
BOYSSEL.
CALIGNON.
CHAMBRIER.
CHASTE.
CHASTEAVNEVF.
CHYPRES.
CLARI.
COMBOVRCIER.
DALPHAS.
DISDIER.
ENGILBOVD.
GENTON.
GILLES.
HELLIS.

LAVAL.
MONTCHENV.
MONTMAJEVR.
NAVAISSE.
PASCAL.
PECCAT.
PIERRE.
POVRRET.
PVYBOSON.
QVINEPAYE.
REVILASC.
REYNARD.
REYNAVD.
RICOZ.
SALES.
SOVLIERS.
du THAVC.
THOLOSAN.
VANDAL.
VAVJANY.

ARBRE GENEALOGIQVE.

PREMIERE BRANCHE,

QUI EST CELLE

DE L'AISNE.

Aynard 1214.

Pierre 1251.

Perceval 1303.	Burnon.	Mathieu.	François.		Iean.

Poncet 1320.

Conftant 1344.		Guillet. a fait branche.	Aubert.		Pierre.

Frelin.	Lantelme.		Borfac 1359.		Leon.

	Antoine		Pierre 1385.		Galiane. François Duthauc,

	Loüis.		Frelin.	Lantelme 1413.	

	Iuftet.	François. Marthe de Puybofon.		Durand 1443. Marguerite d'Hellis.	Pierre.

Iean 1482. Antoinete Ricoz.		Pierre. Cecille. . . .	Carine. Hugues Pourret.	Ieanne. Iean Reynaud.	Bartelemieye'

Iean 1535. Imbert. Marie. Ieanne. Françoife.
Ieanne Chambrier.

Iean   Raymon,
Claudine de
Souliers.
Anne de
Combourcier.

Raymon.	Iean.	Antoinette.	Marguerite.	Humbert.	Renée.	Pierre.
	Icanne de	Antoine de		Icanne de	Gabriël	Enemonde
	Revilasc.	Vaujany.		Bardonenche.	Pascal.	Duthauc.

André.   Isabeau.
Icanne de Chypres.

Alexandre.	André	Iean.	Cesar	Pierre	Iudith,
Christophle Blosset.	a fait		a fait	Ecclef.	Marguerite,
Lucreffe de Montchenu.	branche.		branche.		Ieanne,
					Renée,
					Sarra.

Caterine.	Marie.	Ieanne.	Alexandre.	Cesar.
		Abel	Marie Armand.	Anne
		Difdier.	Melchione d'Engilboud.	Peccat.

Lucreffe. Cesar.

Alexandre. Pierre. Isabeau. Lucreffe. Loüise. Ieanne. René. Dominique.

DEVXIEME BRANCHE,

QUI EST CELLE

DE TENAVX.

André 1624.
Enemonde Reynard.

André.	Alexandre.	Iudith.	Anne.	Marguerite.	Ieanne.
		Pierre de Guichard.			

TROISIEME BRANCHE,

QUI EST CELLE

DE SOUVILLE.

Cefar.
Ieanne Clement.

Sanfon.	Iean.	Iuvenal.	Sufanne.	Anne.	Lucreffe.	Isabeau,
Madelaine	Iacques.	Eftienne.	François		Iean	&
de Charency.	Pierre.	Ieanne.	de Genton.		d'Helis.	Marie.

QUATRIEME BRANCHE,

QUI EST ESTEINTE.

Guillaume 1333.

Henry 1340.

| Baudoüin 1350. | Pierre Ecclef. | Ioffrey. |

Iean.

| Mondette.
Iean qui ne paye. | Caterine.
Guillaume Boiffel. | Berlionne. |

HISTOIRE

ET

PREUVES.

IL y a dans les montagnes de Dauphiné, & en la Duché de Briançonnois auprés des vallées de Piedmont , un mandement appellé Bardoneche, lequel a esté autrefois connu sous le titre de Vicomté ; comme le dit Francisco Agostino della Chiesa Evéque de Saluces, dans le livre qu'il a fait, intitulé, *La Couronne Royale de Savoye, partie 2. chap. 19. pag. 377.*

La succession des temps a fait perdre à ce Bourg, ce titre de Vicomté , & ceux qui en ont esté les maistres dans les années suivantes, n'ont pris que celuy de Seigneurs de Bardoneche. Le même Autheur parle advantageusement de ces Seigneurs dans la *page* 373. du même ouvrage.

Quelques-uns ont crû que ces Seigneurs l'estoient independemment : & la raison qu'ils en ont euë, c'est que les Dauphins n'y avoient nulle jurisdiction avant le 14e siecle, qu'ils commencerent d'en acquerir de ces Seigneurs, comme je diray à la suite. Et aujourd'huy même dans tout le Briançonnois il n'y a que cette terre & celle de Chaumont, qui ayent des Seigneurs particuliers , toutes les autres dependent du domaine Delphinal.

La Famille que je descris, a tiré son nom de cette terre, & le bourg de Bardoneche , qui est la Paroisse capitale des sept, dont le mandement est composé , porte pour Armoiries le treillis, qui fait une partie de celles de cette Famille : & ainſi il y a une égalité parfaite de Nom & d'Armes entre la terre & la Famille.

Il n'y a point de Maiſon dans cette Province qui ait eſté plus diviſée que celle-cy, ny point de terre qui ait eu plus de Seigneurs & de Pariers que celle de Bardoneche, & tous de la même Famille. Chaque Paroiſſe a eſté ſous la juriſdiction d'une Branche particuliere ; & chaque Branche a fourny pluſieurs teſtes pour en faire pluſieurs Seigneurs aux unes & aux autres de ces Paroiſſes : quelques noms en ſobriquet, ou quelque briſure dans les Armoiries faiſoient toute leur difference ; & ils s'accordoient en ce ſeul point de porter le ſurnom de Bardoneche, dont ils s'en firent un de ſucceſſion, que leurs Deſcendans ont conſervé depuis.

AYNARD, Seigneur de BARDONECHE, I. du Nom ; Chevalier.

I. Degré.

Il eſt certain que cette Famille eſt plus ancienne que du temps de cét Aynard ; mais je n'ay pas trouvé des titres qui m'ayent guidé pour remonter plus haut. Celuy-cy vivoit en 1214. & Hugues Guers, fils de Raymon habitant à Bardoneche, luy rendit homage le 9. des kal. du mois de Novembre de la même année, & le qualifie Chevalier. Il fut preſent avec la même qualité de Chevalier dās une tranſactiō qui fut faite le 2. des Nones de Mars de l'année 1227. entre Soffrey Evêque de Grenoble, & Aymeric de Briançon, que j'ay tiré d'un Cartulaire de l'Evêché de Grenoble ; & le ſieur Juvenis Avocat au Parlement de Dauphiné, demeurant à Gap, a entre ſes mains un homage preſté l'an 1232. par le Dauphin à l'Evêque de Gap, où le même Aynard ſe trouve témoin. Je n'ay pas ſceu ſon Alliance, ny le nombre de ſes enfans. Voicy celuy qui m'eſt connu.

PIERRE

PIERRE de BARDONECHE,

FI. Degré.   *Seigneur de Bardoneche.*

Le même Juvenis eſt encore ſaiſi d'un hommage rendu par un Dauphin à un autre Eveſque du même lieu l'an 1251. où celuy-cy aſſiſta avec quelques autres Seigneurs, & où la qualité de Demoiſeau luy eſt donnée. Elle n'eſtoit priſe que par le fils d'un Chevalier. Il vivoit encore en 1262. & il s'avoüe homme-lige du Dauphin Guigues nommé alors Comte de Graiſivodan, ſans reconnoiſtre ſa terre, ainſi qu'il ſe juſtifie des reconnoiſſances qui ſont dans la Chambre des Comptes de Grenoble, & qui furent receuës par Probus Notaire Imperial. Il fut pere de pluſieurs enfans.

1. Perceval, qui aura ſon chapitre.

2. Burnon, qui vivoit l'an 1289. qui fut pere d'Ainard & d'un autre Burnon ; & ce Burnon deuxieſme eut pour fils un autre Ainard, & Ainard eut Burnon. J'apprens cette deſcendance par les hommages que tous ceux-cy ont rendus en divers temps, juſques en l'année 1413. que ce Burnon troiſieſme mourut ſans enfans.

3. Mathieu fut pere de Jean, qui rendit hommage de la Conſeigneurie de Bardoneche l'an 1328. & de François qui s'acquit la haine du Dauphin par des ſoupçons qui luy firent perdre la vie.

4. François eut une longue poſterité, qui finit en 1420. par une fille nommée Jeannete, qui fut mariée à Noble Aubert de Nevache, ou Navaiſſe. De cette branche quelques-uns vinrent habiter à Grenoble, & l'an 1350. j'y trouve Jean & Pierre de Bardoneche. *Navaiſ- ſe.*

5. Jean fit auſſi une grande poſterité & pluſieurs branches, qui conſerverent la Conſeigneurie de Bardoneche, & la diviſerent en pluſieurs portions. Quelques-uns de cette branche ont paſſé en Piemont, d'autres en Provence, & d'autres en Savoye. Charles-Auguſte de Sales, Evêque

O

de Geneve, parle de quelques-uns d'eux dans le *Pourpris Hi-*
ftorique de fa Maifon au pied 5 *de la toife* 4 *du pan* 2. Il y a plus
de cent ans que ceux de cette branche qui eftoient en Dauphiné ne font plus. Les maifons d'Aynard, de Laval, d'Arnoux, de Chafteauneuf, de Montmajeur, de Vandal, de Sales,
& autres de Dauphiné & de Savoye, ont pris & donné des
Alliances aux defcendans de ce Jean : quelques-uns defquels
ont efté Seigneurs du fief de la Tour en Foucigny, & de la
terre de Feüillet en Savoye.

Aynard
Laval.
Arnoux
Cha-
fteau-
neuf.
Mont-
ma-eur
Vandal
Sales.

PERCEVAL *de* BARDONECHE,
III. *Degré.*　　　*Confeigneur de Bardoneche,*

Vivoit l'an 1290. ce qui fe tire de divers actes qui font
dans les Regiftres *Copiarum,* de la Chambre des Comptes de
Dauphiné. Dans un de ces mêmes Regiftres, intitulé, *Copia*
extracta à libro vacato probus, je trouve un échange fait le
Lundy après la Nativité de la Vierge de l'année 1303. entre
le Dauphin Humbert I. & Noble Guillaume Blanc, du lieu
de Montorfier, par lequel le Dauphin donne la terre de Pellafol ; & l'autre le droit qu'il avoit aux Chafteaux & Terri-
toires de Montorfier, de Champoleon & d'Ourcieres, & furent prefens, Aleman du Puy, Jean de faint Sabin, Guy de
Meolans Chanoine d'Ambrun, Arnaud d'Arnaud, Raybaud
d'Afpres, & Perceval de Bardoneche, qui compofe ce degré, & qui eut pour fils.

PONCET *de* BARDONECHE,
IV. *Degré.*　　　*Confeigneur de Bardoneche.*

J'apprens fon exiftence par les mêmes Regiftres de la
Chambre des Comptes. Il vivoit l'an 1320. & eut deux
enfans.

　1.　Conftant dont je parleray.
　2.　Pierre eut pour fils Leon de Bardoneche, Confei-

gneur du Percy, lequel eut une feule fille appellée Galiane, alliée à Noble François du Thau.

3. Guillet ou Guillaume a fait branche.
4. Aubert.

CONSTANT *de* BARDONECHE,
V. Degré. *Chevalier, Conſeigneur de Bardoneche puis Conſeigneur du Percy.*

du Thau

Le 13. du mois de Novembre 1333. celuy-cy & Pierre fon frere donnerent en échange à Humbert Dauphin, la portion qu'ils avoient en la terre de Bardoneche, & ce Prince leur remit huict parts dans celle du Percy, & quelques rentes au même lieu. Ce fut la cauſe du changement de cette Famille du Briançonnois en Trieves. Ils y ſont qualifiez fils de Poncet de Bardoneche. Conſtant tranſporta une partie de cette Seigneurie du Percy à Guillaume de Morges Chevalier l'an 1344. Il eut pour enfans.

1. Frelin ou François, qui ne laiſſa pas de poſterité.
2. Lantelme, Conſeigneur du Percy, dont il rendit homage le 15 de May 1363. en faveur de Charles Dauphin de France. Il eſt qualifié Demoiſeau.
3. Borſac a continué.

BORSAC *de* BARDONECHE,
VI. Degré. *Conſeigneur du Percy.*

L'an 1359. luy, Lantelme ſon frere, & François du Thau en qualité de mary de Galiane de Bardoneche leur couſine, fille de Leon de Bardoneche, vendirent à Jean Berenger Chevalier, Seigneur de Morges, la quatriéme partie du Moneſtier du Percy; & dans l'acte d'inveſtiture qui en fut paſſé en faveur de l'acheteur le 20 de Janvier de l'année ſuivante, il eſt dit que cette quatriéme partie eſtoit indiviſe avec Guillaume de Morges, Chevalier Seigneur de l'Eſpine. Un

O ij

peu avant cette vente, Borſac avoit rendu homage au Dauphin de ſa portion en la même Seigneurie, ſçavoir le 7. d'O-
ctobre de la même année 1359. où il eſt nommé fils de
Conſtant. Il eſt qualifié de même dans ſon teſtament du 30
de Juillet 1361. où il inſtituë ſes heritiers Antoine ſon fils,
& les poſtumes dont ſa femme pourroit eſtre enceinte, &
leur ſubſtituë Lantelme ſon frere, en cas qu'ils decedaſſent
ſans enfans. Il fut pere de,

1. Antoine Conſeigneur du Percy, qui eut pour fils Loüis
de Bardoneche, lequel Loüis fut pere de Juſtet.

2. Pierre a continué.

PIERRE de BARDONECHE,
VII. Degré.   *Conſeigneur du Percy.*

Fut poſtume, & comme il eſtoit appellé à la ſucceſſion de
ſon pere ſous ce nom de poſtume, il eut ſa part dans la Conſeigneurie du Percy. Il vivoit environ l'an 1385. Il eut pour
enfans, ſans que je ſçache de quelle femme.

1. Frelin ou François.

2. Lantelme aura ſon chapitre.

LANTELME de BARDONECHE,
VIII. Degré.   *Conſeigneur du Percy.*

J'apprens qu'il eſtoit fils de Pierre, & que Pierre l'eſtoit
de Borſac par un homage de l'année 1413. & du 27 de Novembre preſté par Juſtet de Bardoneche, qualifié fils de
Loüis, lequel Loüis eſtoit couſin germain de ce Lantelme,
où il eſt dit que ce Lantelme eſtoit Conſeigneur du Percy,
frere de Frelin, fils de Pierre, &c. Il y prend la qualité de
Demoiſeau. La portion qu'il avoit dans la terre du Percy
eſtoit fort petite, attendu les grandes alienations qui en a-
voient eſté faites par ſes predeceſſeurs; il y a même lieu de
croire qu'il ne luy reſtoit plus aucune juriſdiction; mais

tant feulement quelques cenfes qui eftoient comprifes dans l'échange que Conftant fon bifayeul avoit fait avec le Dauphin, lefquelles cenfes s'étendoient non feulement dans le mandement du Percy, mais encore en quelques lieux du voifinage comme à S. Jean d'Heran & ailleurs ; c'eft fans doute ce qui obligea ce Lantelme de fe retirer dans le lieu des Rives au même mandement de S. Jean d'Heran où il eftoit en l'année 1428. comme il fe juftifie par une revifion de feux de la même année, où il eft compris parmy les Nobles de ce lieu. Il tefta le 10 de Fevrier 1433. & laiffa pour enfans.

1. François fut coheritier de fon pere, & je trouve que fa femme eut nom Marthe de Puybofon. Je ne fçay pas s'il en eut des enfans. *Puybofon.*

2. Durand auffi coheritier de fon pere, fera mentionné à la fuite.

3. Pierre deftiné à eftre d'Eglife.

IX. *Degré.* DVRAND *de* BARDONECHE,

Fit partage avec François fon frere le 2 d'Avril 1443. des biens de Lantelme leur pere, où j'ay leu que Marthe eftoit femme de François. Durand tefta le 5 de Juin 1457. eftant encore jeune, & en Provence où il eftoit allé pour prendre parti parmi les troupes que levoit en ce pays-là le Duc de Calabre, pour mener à Naples ; René le bon eftant alors Comte de Provence. Marguerite d'Hellis fut fa femme. Elle eftoit fœur de Noble Bartelemy d'Hellis ; & elle fit fon *Hellis.* teftament le 28 de May 1482. Voicy leurs enfans.

1. Jean qui fuit.

2. Pierre coheritier de fon pere, tefta le 23. de Juin 1482. laiffa Jeanne & Françoife fes filles, & de Cecille Ricoz fa femme. *Ricox.*

3. Jean, Religieux de l'Ordre des FF. Mineurs.

4. Carine mariée à Noble Hugues Porret de Sinard. *Porret.*

O iij

5. Jeanne, femme de N. Jean Reynaud de Lavars.
6. Bartelemieve.

JEAN *de* BARDONECHE,
premier du Nom.

X. Degré.

Son sejour fut au même lieu des Rives. Ie l'aprends par
deux roolles d'arriereban des années 1472. & 1484. où il
est mis au rang des Nobles de Dauphiné. Il avoit esté inscrit
au même rang dans une revision de feux de l'année 1461.
sous le nom des heritiers de Durand son pere. Sa femme eut
nom Antoinette Ricoz fille de N. Claude Ricoz, & de
Clemence Armand, & sœur de Cecille Ricoz que Pierre de
Bardoneche son frere avoit espousée. Il en fait mention
dans son testament du 23. de Iuin 1482. comme aussi de ses
enfans dont voicy les noms.

1. Jean qui compose le degré suivant.
2. Imbert.
3. Marie.

JEAN *de* BARDONECHE,
second du nom.

XI. Degré.

Son alliance fut avec Ieanne Chambrier fille de N. André
Chambrier du lieu de Vif à deux lieües de Grenoble; c'est
ce qu'il dit dans son testament du 18. de Iulliet 1548. Il en
avoit fait un autre precedemment, car je trouve de luy un
codicille du 1. de May 1535. où il est dit habitant du lieu des
Rives. Il fut pere de

1. Iean qui fera la matiere du XII. degré.
2. Raymon.

JEAN *de* BARDONECHE,
troisiéme du nom.

XII. Degré.

Ie le trouve parmy les Nobles de Trieves dans une revifion de feux de l'année 1549. La contrée de Trieves est habitée par un grand nombre de Gentilhommes de fort ancienne Nobleffe & qui ont toûjours esté dans une reputation de grande valleur. Iean de Bardoneche estoit l'un de ces Gentilshommes qui avoient autant de valeur que de Nobleffe, & il en donna des marques à la journée de Cerifoles en 1543. estant encore affés jeune pour ce meftier, s'étant mis dans la compagnie de Dampierre de la maifon de Clermont, avec quelques autres jeunes hommes de Dauphiné de fa qualité de fes voifins & de même âge que luy. La mort de fon pere le r'appella en fon païs où il estoit déja marié dépuis quelques années à Claudine de Souliers, avec laquelle il paffa fes jours jufques en l'année 1552. qu'elle mourut aprés avoir fait fon teftament le 14 de Novembre de la même année. Il fe remaria à Anne de Combourcier, fille de Noble Jean de Combourcier fieur de Beaumont. Il fit fon teftament le 4 du mois de Mars 1579. où il fait mention de fes deux femmes, & des enfans que l'une & l'autre luy avoient procréez. *Souliers* *Cõbourcier.*

Du premier lict.

1. Raymon.
2. Jean a continué.
3. Antoinete, mariée à Noble Antoine de Vaujani l'an 1540. *Vauja-ni.*
4. Marguerite.

Du deuxiéme lict.

1. Humbert époufa Ieanne de Bardoneche, & en eut André & Ifabeau. André fut marié à Ieanne de Chypres, fille de Noble Eftienne de Chypres. *Bardonenche. Chypres*
2. Renée, Femme de Noble Gabriel Pafcal, du lieu de la Frey. *Pafcal.*
3. Pierre eut pour femme Enemonde du Thau, fille de N. Eftienne du Thau, & de Caterine Gilles. *du Thau Gilles.*

JEAN *de* BARDONECHE,

XIII. Degré,　　　*quatriéme du Nom.*

Jeanne de Revilasc a esté sa femme. Elle estoit fille de N.
Michel de Revilasc Conseigneur de Chabestan , & de Marguerite de Pierre sa femme. J'apprends cette alliance dans le
testament de Jean de Bardoneche III. du nom son pere , duquel je viens de faire mention ; & le contract de mariage en
fut passé le 27. d'Avril 1574. Il a testé le 22. de Mars 1632. a-
yant vescu 92. ans. Sa femme en avoit fait autant le 23. de
Ianvier 1606. Voicy leurs enfans.

Revi-
lasc.
Pierre.

　1.　Alexandre mentionné à la suite.
　2.　André a fait branche.
　3.　Iean.
　4.　Cesar a fait branche.
　5.　Pierre, Prieur de S. Laurent de Grenoble & Conseiller Clerc au Parlement de Dauphiné.
　6.　Iudith.
　7.　Marguerite.
　8.　Ieanne.
　9.　Renée.
　10. Sarra.

ALEXANDRE *de* BARDONENCHE,

XIV. Degré.　　*ou* BARDONECHE, *Seigneur de Thorane,*
Saint Martin, Tresanes.

Celuy-cy prit le nom de Bardonenche , au lieu de Bardoneche.　Il n'est pas le seul de sa famille qui l'a
fait ainsi ; car je trouve des homages en la Chambre des
Comptes rendus par plusieurs personnes de cette famille qui
ont porté le surnom de Bardoneche. Iean de Bardonenche,
fils de Boniface de Bardonenche Chevalier rendit homage le 9. de Ianvier 1334. Boniface son pere se surnomme
de

de Bardoneche en tous les actes où il paroit Queyron se
nomme de Bardoneche dans un homage qu'il rendit le 2.
du mois de Novembre 1413. pour des biens qu'il dit avoir
par indivis avec les heritiers de Noble Bardouin de Bardoneche & non pas Bardoneche. Il y est aussi parlé de Noble
Joffrey de Bardonenche. Il est pourtant certain que dans
d'autres actes ces Queyron, Bardouin & Joffrey se surnom-
ment Bardoneche. Le même jour Obert de Bardonenche
rendit homage,& se qualifia fils de Noble Obert de Bardoneche. Lantelme de Bardoneche, qui compose le huictième
degré de cette Genealogie, est nommé Bardonenche dans un
homage du 26. de Novembre 1413.que rendit pour luy N
Guy de Puyboson,& dans le même article il est parlé de NN.
Constant, & Pierre de Bardoneche bisayeul & grand oncle
de ce Lantelme,ausquels le surnom de Bardoneche est donné & à même temps celuy de Bardonenche à ce Lantelme,&
à Frelin son frere. Hugues,Loüis & Philipes de Bardonenche
rendirent homage au Dauphin Loüis en 1446.pour les Con-
seigneuries de Bardoneche, Rochemolard, Beular Navache
Rochemoles : Gabriël de Bardoneche presta aussi homage
avec eux.Lors que Iean 2.du nom fit son codicille l'an 1535.
dont j'ay fait mention cy-devant il se surnomma de *Bardone-
chia* & l'an 1548.ayant testé en François suivant l'Ordonnan-
ce d'Abbeville il se dit de Bardonenche. On voit ainsi qu'en
même temps ceux de cette famille ont esté surnommez in-
differemment de Bardoneche ou de Bardonenche. J'ay veu
des lettres du pere de cét Alexandre où il signoit Bardoneche
& Bardonenche. J'ay esté obligé de faire voir par des exem-
ples que ces deux noms avoient esté communs à cette famille, afin que l'on ne creut pas qu'il y avoit quelque difference.
Ie reviens à Alexandre qui compose ce degré, & je dis que
pendant les guerres qui ont inondé plusieurs années nostre
Province de Dauphiné, à la fin du siecle precedent ou au
commencement de celuy-cy, il a eu l'honneur de se trou-
ver en divers combats, en plusieurs sieges, & en des occasions

P

fignalées. Monſieur le Preſident Expilly dit qu'il parut parmy ceux qui commandoient les gens de pied dans la bataille
de Pontcharra, où le fameux Leſdiguieres, qui fut en aprés
Conneſtable de France, battit les Savoyſiens, & leurs alliez
le 18. de Septembre de l'année 1591. Ce Preſident a deſcrit
cette bataille & parle advantageuſement de tous nos Gentilshommes Dauphinois qui y combatirent : il en a fait un
Hymne en vers François. Bardonenche ſuivit le même
Leſdiguieres lors qu'il partit avec 7000. hommes pour aller
ſecourir le Duc de Savoye en 1616. contre les attaques de
l'Eſpagnol ; ceux qui ont leu l'Hiſtoire de ce grand Homme
ſçavent bien que ce ſecours partit contre les Ordres de la
Cour, & que la Politique & l'honneur eurent le ſoin de ſa
conduite. Videl qui eſt l'Autheur de cette Hiſtoire, dit que
la compagnie des gens d'armes de Leſdiguieres eſtoit pleine
d'un grand nombre de Nobleſſe & de braves hommes la plus
part capables de commander ; Bardonenche en eſtoit un.
Il ſuivit ce même Heros en d'autres rencontres où il fit connoiſtre ſon courage. Il fut fait priſonnier avec le Duc de Crequy, & pluſieurs autres Seigneurs, dans l'entrepriſe qu'ils firent ſur la place d'Aiguebelle en Savoye, & commandoit une
Compagnie de Cavalerie. Il a vécu long-temps, & n'eſt
mort qu'en 1666. aprés avoir fait ſon teſtament le dernier
du mois de Iuin de la même année. Il avoit épouſé le 19 de
Mont-　Iuin 1621. Lucreſſe de Montchenu, vefve de N. Hugues
chenu.　de Calignon, Maiſtre ordinaire en la Chambre des Comp-
Cali-
gnon.　tes de Dauphiné. Elle eſtoit fille de N. Iean de Montchenu
　　　　Seigneur de Beauſemblant, & de Loüiſe de Brenieu. Dans
Brenieu　le contract de mariage cét Alexandre de Bardonenche eſt
　　　　qualifié Lieutenant du ſieur de Morges, Gouverneur de la
　　　　ville de Grenoble & du Bailliage de Graiſivodan. I'y trou-
　　　　ve le nom de trois filles qui appartenoient à l'époux, ce qui
　　　　m'aprend qu'il avoit déja eſté marié ; en effet il avoit épou-
Bloſſet.　ſé Chriſtophle Bloſſet, fille de N. Guillaume Bloſſet, & de
Clari.　Iudith Clari.

Du premier lict.

1. Caterine, Religieuſe de l'Ordre de S. Bernard au Monaſtere de Sainte Cecille de Grenoble.
2. Marie, Religieuſe au même endroit.
3. Ieanne, mariée à N. Abel Diſdier, Seigneur d'Alons. *Diſdier*

Du deuxiéme lict.

4. Alexandre dont je parleray.
5. Ceſar ſieur de Champiné, qui d'Anne Peccat ſa femme, fille de N. Iacques Peccat & d'Anne de Chaſte a laiſſé Ceſar & Lucreſſe. *Peccat. Chaſte.*

ALEXANDRE de BARDONENCHE

XV. Degré. II. *du Nom, Seigneur de Thorane, Saint Martin, Treſanes, Conſeiller du Roy en ſes Conſeils & au Parlement de Grenoble.*

Par diverſes commiſſions qu'il a euës pour les affaires mêmes du Parlement, il a fait voir combien il en eſtoit capable. Il a eu deux femmes. La premiere nommée Marie Armand, fille de N. Pierre Armand Conſeiller en ce Parlement, & d'Iſabeau Bremon, laquelle il épouſa le 17 de Septembre 1646. L'autre a nom Melchionne d'Engilboud, fille de Noble René d'Engilboud, & de Ieanne Tholoſan. René d'Engilboud eſtoit fils d'Hercules d'Engilboud, & d'Heleine Artaud. Il n'a pas eſté le ſeul de ſa famille, ayant eu pour freres François, Iacques, Charles & Loüis d'Engilboud, quelques-uns deſquels ont eſté Officiers dans les Regiments de Chaſteaubuc, d'Enrichemont, de

Armād. Bremon Engilboud. Tholoſan.

P ij

Sault & de Pierregourde. Leurs Armoiries font *de Gueu-*
les au Lyon d'Argent , traverſé d'une faſce d'Or , chargée de
trois coquilles de Sinople.

Alexandre de Bardonenche a pour enfans.

Du premier lict.

1. Alexandre, Officier au Regiment de Sault.
2. Pierre, Officier dans le Regiment de Normandie.

Tholo-ſan.   3. Iſabeau , mariée à N...... de Tholoſan, Seigneur de
Saint Auban.

Pleche.   4. Lucreſſe, à N. Iean de Pleche, Seigneur de Saletes.
5. Loüiſe.

Du deuxiéme lict.

6. Ieanne.
7. René.
8. Dominique.

BARDONENCHE
DES TENAUX.
II. BRANCHE.

ANDRE' *de* BARDONENCHE

XIV. Degré.   *Sieur des Tenaux.*

Second fils de N. Iean de Bardonenche & de Ieanne de Revilafc, époufa le 21 d'Octobre 1624. Enemonde de Reynard, fille de N. Iean de Reynard & de Iudith Dalphas. Il fut Lieutenant au Regiment de Sault, & tefta le 8. de Septembre 1660. laiffant pour enfans, *Reynard. Dalphas.*

1. André, fieur des Tenaux.
2. Alexandre, fieur de Morgeat.
3. Iudith, mariée à Pierre de Guichard, duquel le merite & la valeur porterent le Roy Loüis XIII. de luy accorder des Lettres de Nobleffe au mois d'Aouft de l'année 1624. De ce mariage il y a eu Pierre de Guichard, fieur de Royfon, Capitaine au Regiment de Sault. André qui fuit auffi les Armes; & Ieanne. Leurs armoiries fonr, *de Gueules à deux Efpées d'Or, paffées en Sautoir.* *Guichard.*
4. Anne.
5. Marguerite.
6. Ieanne.

BARDONENCHE
SOUVILLE.
III. BRANCHE.

CESAR *de* BARDONENCHE
XIV. Degré.   *fieur de Souville,*

Autre fils de Iean de Bardonenche IV. du nom, & de Ieanne de Revilafc, a porté toute fa vie les Armes pour le fervice du Roy. En 1626. il eftoit Lieutenant au Regiment de Sault. En 1635. Major au Regiment d'Enrichemont. En 1636. Capitaine & Major au même Regiment. Il a eu diverfes commiffions, defquelles il s'eft acquité avec gloire. Il eft mort l'an 1671. & de Ieanne de Clement fa femme il a laiffé plufieurs enfans.

    1. Sanfon fieur de Tourres, qui a fait la guerre plufieurs années. Il eft prefentement marié avec Magdelaine de Charency.

    2. Iean, Capitaine au Regiment Royal.

    3. Iacques.

    4. Pierre.

    5. Iuvenal.

    6. Eftienne.

    7. Ieanne.

Genton.   8. Sufanne mariée à N. François de Genton.

    9. Anne.

Hellis.   10. Lucreffe, femme de N. Iean d'Hellis.

    11. Ifabeau.

    12. Marie.

BARDONECHE
OU
BARDONENCHE.
IV. BRANCHE.

V. Degré.   GVILLAVME *de* BARDONECHE,
Chevalier Conseigneur de Bardoneche.

Dans un ʀgiſtre de la Chambre des Comptes, intitulé *Compotus Bardonechiæ* de l'année 1434. il eſt fait mention d'une reconnoiſſance faite l'an 1333. par Conſtant, Pierre, & Guillaume de Bardoneche freres, fils de Poncet, en faveur du Dauphin pour la parerie de Bardoneche. Ce Guillaume rendit homage à Humbert Dauphin l'an 1334. Il vendit ſa portion de Bardoneche au même Dauphin Patriarche d'Alexandrie l'an 1352. c'eſt ce que j'apprends par un homage du 13. d'Aouſt de la même année, rendu par Jeannon de Navayſſe Demoiſeau fils de Lantelme, au Dauphin Charles de France ; où il eſt encore parlé d'un homage rendu à Aynard de Bardoneche Chevalier, l'un des predeceſſeurs de celuy-cy, & Seigneur de Bardoneche, le 9. des Kal. de Novembre 1214. duquel j'ay déja parlé. Je n'ay pas ſceu la femme de ce Guillaume, que quelques actes nomment Guillet, & d'autres Guillermet. Il eut pour fils,

VI. Degré.   HENRY *de* BARDONECHE.

Il y a dans la Chambre des Comptes un homage de l'an-

née 1364. du 1. de May, rendu par N. Manuël Sage de Se-
cuse, de ce qu'il avoit acquis autrefois de N. Loüis de Bardoneche, fils de Perceval, & de Henry de Bardoneche fils de
Guillaume, qualifié Chevalier, par où il se justifie que Henry estoit fils de Guillaume. Il eut pour enfans.

   1. Bardoüin qui suit.
   2. Pierre, Aumônier du Prieuré de S. Michel.
   3. Joffrey.

VII. Degré.   BARDOUIN de BARDONECHE.

Rendit homage de ce qu'il avoit par indivis avec Joffrey
son frere, par acte du 20. de Mars 1350. où il parle de certaines libertez accordées à Guillermet son ayeul, par le
Dauphin Humbert. Il laissa pour fils,

VIII. Degré.   JEAN de BARDONECHE.

Dans un Registre de la même Chambre des Comptes,
intitulé *Liber Copiarum Briançonÿ*. je trouve une Requeste
presentée en 1416. par les habitans de Bordoneche au Conseil Delphinal, où ils representent que N. Bardoüin de Bardoneche avoit eu en concession du Dauphin la moitié des
Taches du Mandement de Bardoneche. Que Jean fut son fils
& heritier, & ne laissa que des filles. Le reste de cette Requeste ne fait point à mon sujet. Ces filles y sont nommées.

Qui ne-
paye.   1. Mondete, femme de N. Jean Qui-ne-paye, Chaste-
lain Delphinal d'Exilles.

Boissel.   2. Caterine, alliée à N. Guillaume Boissel.

   3. Berlionne.

BAUDET.

De Gueules à la Croix ancrée d'Argent.

Q

ALLIANCES.

AMBLEY.
ANCY.
AVRILLOT.
BERTRAND.
CREIL.
DEODATI.
GALLIEN.
GENICOURT.
HATOIS.
JULIAC.
LAMAY.
Le LIEUR.
MARCONVILLE.

MEJACT.
MOITREY.
MONTCHENU.
MONTAYNARD.
MORAS.
MOULINS.
PANQUALIER.
PICCARD.
POUILLY.
PRUDHOMME.
RICHARD.
ROUIN.
VAUMIERE.

ARBRE GENEALOGIQVE.
PREMIERE BRANCHE,
QVI EST CELLE
DE DAVPHINE'.

Falconnet I. 1287.

Roſtaing.

Antoine 1330.

Falconnet II. 1389.

Hugonet 1426.   Antoine
a fait branche.

Philippes I.
Caterine de Moras.
Marguerite Richard.

Philippes II. 1485.
Blandine Panqualier.

Guigues.   Claude. 1523.   Exupere
          Marguerite Gallien.   Religieux.

Iean 1555.   Claude.
Antoinette Fornet.

André,   Iean.   Enemond,
Olimpe de Guichard.   Anne Gerlat.

Enemond, Caterine Boudral.	Loüis, Charlote. Moret.	Pierre, Eccl.	François, Iefuite.	Anne, Iean Spie.	Caterine, Ioachim de Montaynard.

Iean, Iulie Deodati.	François.	Humbert, Eccleſ.	Ieannne.	Anne, Ioachim de Montchenu.	Marie, I. Mathieu Bertrand.

Q ij

DEUXIEME BRANCHE,

QUI EST CELLE

DU BARROIS.

Antoine 1431.
Ieanne du Hatois.

Iean 1445.
Marie d'Ambley.

Paulet.	Iean 1528. Barbe de Genicourt.		René.	Iean, Eccl.	Efter.

Henry.	René 1532. Claudine Prudhomme. Loüife de Poüilly. Madelaine de Marconville.	Iean.	Barbe, Iean d'Avrillot.

Giles. Adrian. René I. René II.	Iean I. Marguerite de Lamiy.	Marguerite.	Loüife.	Iean II. Antoine.	Nicolas, Valance le Lieut.	Chreftienne, Mery de Iuliac

Iean.	Alexandre a fait branche.

François, Antoinette de Creil.	Iean.	Marie-Vrfuline.	Anne, ... Picard. . . . . . de la Vaumiere.

TROISIEME BRANCHE,

QUI EST CELLE

DE PARIS.

Alexandre 1619.
Nicole de Moulins.

Ponce-Alexandre,	Iacques,	Alix.	Marguerite.

HISTOIRE

ET

PREUVES.

LES Familles ne demeurent pas toûjours au païs de leur origine, & souvent elles s'étendent dans des Provinces éloignées. Le Viennois a produit celle-cy. On l'a veuë premierement habiter dans la terre de Pinet, puis en celle de S. Saphorin. L'une & l'autre dans le Diocese de Vienne; & finalement en celle de Voiron au Diocese de Grenoble. Une Branche a demeuré long-temps dans le Barrois, & a étendu l'un de ses rameaux à Paris.

FALCONNET BAUDET,

I. Degré. *I. du Nom,*

Eut un different avec le Dauphin; qui fut pacifié l'an 1287. par l'entremise d'Artaud Seigneur de Rossillon & d'Annonay, de Guy de Rossillon Seigneur de Serrieres & d'Anjou, Girard d'Ilins, Falquet du Puy, & Bartelemy de Bellegarde; qui se rendirent cautions de l'accomplissement du traitté, dans lequel fut compris Rostaing Baudet, fils de ce Falconnet.

II. Degré. ROSTAING BAUDET.

L'exiſtance de celuy-cy eſt prouvée par le traitté dont je viens de parler, où il eſt nommé fils de Falconnet, & tous deux Gentilshommes de la terre de Pinet.

III. Degré. ANTOINE BAUDET.

Le voiſinage de la terre de Pinet à celle de S. Saphorin d'Ozon, obligerent celuy-cy à acquerir du bien dans la der-niere, & il en fit homage au Roy Dauphin, qui eſt raporté dans une Reconnoiſſance de ſon fils.

IV. Degré. FALCONNET BAUDET, *II. du Nom.*

Reconnoit en faveur du Roy Dauphin ſes biens de S. Sa-phorin où il habitoit. Ce fut par acte tiré de la Chambre des Comptes de Dauphiné du 23 de Septembre 1389. où il eſt dit qu'ils avoient eſté autrefois reconnus par N. Antoine Baudet ſon pere. Il eut,

1. Hugonet qui ſuit.
2. Antoine a fait branche.

V. Degré. HUGONET BAUDET.

Celuy-cy eſt compris parmi les Nobles du Viennois, dans une reviſion de feux de l'année 1426.

VI. Degré. PHILIPPES BAUDET, *I. du Nom,*

Moras A eſté ſon fils, & marié deux fois. Premierement avec Caterine de Moras, d'une maiſon Noble dans le Viennois; je la crois fille de Noble Aymon de Moras, qui vivoit en 1437.

qui fut pere de Nobles Loüis & Guillaume de Moras;
& ce Loüis le fut de Caterine de Moras, femme de Noble
Guigues de Martel Seigneur du Layer. La deuxiéme femme de Philippes Baudet fut Marguerite Richard, de la maifon de Saint Prix ; laquelle eftant fa veufve rendit homage
au Roy Dauphin, par acte du 20 de Juillet 1486. des biens
que fon mary avoit laiffés dans S. Saphorin. *Richard*

Du premier lict.

1. Philippes qui fuit.

Du deuxiéme lict.

2. Pierre.
3. Iacques.

PHILIPPES BAUDET,
VII. Degré.   *II. du Nom.*

Par une revifion de feux de l'année 1475. les heritiers de
Philippes I. font mis au rang des Nobles. Dans une convo-
cation des Nobles du Viennois de l'an 1485. pour prefter
ferment de fidelité au Roy, les mêmes heritiers y font compris. Celuy-cy eft nommé dans un roolle d'arriereban de
tous les Nobles de Dauphiné de la même année 1485. Tous
ces actes font tirez de la Chambre des Comptes. Voicy les
enfans de ce Philippes II. qu'il eut de Blandine Panqualier *Pan-*
fa femme. *qualier*

1. Guigues fut établi curateur de fes freres par Arreft
du Parlement de Grenoble du 4 d'Aouft 1491. & en cette
qualité il tranfigea avec Marguerite Richard veufve de fon
ayeul le 8 de Novembre fuivant. Il quitta le Viennois, &
vint s'établir dans le Graifivaudan. Il fut pourveu d'une
Charge de Secretaire en la Chambre des Comptes de Dauphiné en 1503. & y fut receu en 1504. Il acquit plufieurs

maiſons & heritages dans la Ville de Grenoble, & le 6. d'A-
vril 1515. il fit l'acquiſition de la maiſon forte de Beauregard dans le Mandement de Voiron, de Noble George de
Dorgeoiſe. Il teſta le 13 d'Aouſt 1531. Dans ſon teſtament
il parle des Fideicommis contenus aux dernieres diſpoſi-
tions de Noble Falconnet Baudet, & autres ſes predeceſ-
feurs. Il legue à Claude ſon frere tous les biens paternels & maternels de leur maiſon, & fait ſes heritieres
les Religieuſes de Premol de l'Ordre des Chartreux, celles
de Sainte Claire de l'Ordre de S. François, & les Hoſpita-
lieres de l'Hoſtel Dieu de Grenoble. Il fut enterré dans l'E-
gliſe de Sainte Claire de Grenoble, où l'on voit ſon tombeau avec cét Epitaphe gravé ſur une pierre en lettre ancienne.

Pientiſſimo Guigoni Baudeto, Delphinalis ratiociny à ſecre-
tis fideliſſimo defuncto, qui ampliſſimum omne patrocinium ſuum
ſupremis tabulis egenis dedit; amicorum manibus dicatum, die
13 Auguſti 1521.

2. Claude a continué.

3. Exupere, Religieux de S. Pierre de Vienne, où il faut
faire preuve de Nobleſſe.

CLAUDE BAUDET,
ſieur de Beauregard.

VIII. Degré.

La maiſon forte de Beauregard luy fut venduë par les
executeurs teſtamentaires de Guigues ſon frere, le 7 de Janvier 1523. Il fut compris parmi les Nobles de la Province
dans tous les roolles d'Arriereban, comme il ſe juſtifie par
des quittances dépuis 1530. juſques en 1552. Il rendit homage Noble au Roy Dauphin dans la Chambre des Comptes le 16 de Juillet 1546. & le 4 de Septembre 1549. Il fit
ſon teſtament le 22. de Septembre 1542. Il avoit épouſé
Gallien Marguerite Gallien, fille de N. Jean Gallien, & d'Henriette
Mejat Mejact, du lieu du Paſſage en Viennois. Elle eſtoit d'une
Famille

Famille de laquelle font defcendus les Galliens--Chabons d'aujourd'huy. De ce mariage nâquirent,

1. Jean qui aura fon chapitre.

2. Claude, qui eft mort fans pofterité.

JEAN BAUDET
Sieur de Beauregard.

IX. Degré.

Luy & Claude fon frere font compris dans les Arrierebans en qualité de Nobles. Il en appert par des quittances dépuis 1555. jufques en 1580. & par deux Roolles du 19 d'Avril 1575. & 1. de Juillet 1580. Il eut pour femme Antoinette Fornet; & pour enfans.

1. André, qui fera la matiere du dixiéme Degré.

2. Enemond, qui époufa Anne Gerlat, & n'a laiffé que des filles, entr'autres Caterine Baudet, mariée le 11 de Mars 1644. avec N. Joachim de Montaynard, fieur de l'Effaux. *Montaynard.*

4. Jean eft mort fans enfans.

ANDRÉ BAUDET, *Sieur de Beauregard, Confeiller Secretaire du Roy, & Greffier Civil au Parlement de Dauphiné.*

X. Degré.

Naquit en 1586. Il porta les armes pour le fervice du Roy dés l'âge de 15 ans, & a fuivi cette profeffion jufques en 1608, qu'il fut pourveu de la charge de Confeiller Secretaire du Roy, & Greffier civil au Parlement de Grenoble. Il s'allia avec Olimpe de Guichard; & mourut en 1627. laiffant pour enfans.

1. Enemond fieur de Beauregard, Confeiller du Roy au Parlement de Grenoble; qui de Catherine Boudral fa femme n'a point eu des enfans.

2. Loüis qui fuit.

3. Pierre, Chanoine en l'Eglife Cathedrale de Noftre-

R

Dame, Official de l'Evêché de Grenoble, & Prieur de Saint Robert.

4. François, Religieux de la Compagnie de Jesus. Il est au Jappon depuis plusieurs années, prechant aux Infidelles.

5. Anne.

XI. Degré.　　**LOUIS BAUDET** *Conseiller Secretaire du Roy Maison & Couronne de France, premier Greffier Civil, & Secretaire au Parlement de Dauphiné.*

A esté employé en des affaires tres-importantes, & a eu des Commissions extraordinaires, comme on peut voir dans les Registres du Parlement & de la Chambre des Comptes. Il a dressé plusieurs procez verbaux qui ont esté veus & estimez à la Cour & dans le Conseil de Sa Majesté; & particulierement celuy qu'il fit lors du jugement & de l'execution des sieurs de Thou & de Saint Marc dans la ville de Lyon. Il a épousé Charlote Moret, de laquelle il a aujourd'huy,

1. Jean sieur de Beauregard, Conseiller du Roy, Maistre Ordinaire en la Chambre des Comptes de Dauphiné, receu *Deodati* l'an 1668. s'est marié à Rome avec Julie Deodati, d'une ancienne & Noble Famille de Lucques, dont l'ayeul est mort Grand Gonfanonier de la Republique de Lucques, & a un oncle Grand Croix de l'Ordre de S. Jean de Jerusalem, & Grand Prieur de Venise. Il en a eu un fils nay à Rome, nommé Decio Alexandre; le Cardinal Adsolin a esté son Parrain, & la Reine de Suede sa Marraine.

2. François sieur de Ronziere, qui a succedé à son oncle en la charge de Conseiller au Parlement.

3. Humbert sieur de Fetigny, Prieur de Sant-Euze.

4. Jeanne.

Mont-
chenu. 5. Anne, mariée à Noble Joachim de Montchenu, Seigneur de Thodure.

Bertrād 6. Marie, femme de Jean-Matthieu Bertrand, sieur du Fresne, Vibalif de Gap.

BAUDET, OU BOUDET DU BARROIS.

II. BRANCHE.

L A corruption fe trouve auffi communement parmi les noms que parmi les autres chofes qui y font fujettes. Le nom de Boudet a efté celuy de cette Branche, & je ne veux pas abfolument douter que les premiers de la Famille ne l'ayent même porté en Dauphiné. En effet Falconnet & Roftaing fon fils le prennent dans le traitté de l'an 1287. dont j'ay parlé au premier degré de la Branche precedente. Je fuis obligé de faire cette reflexion, pour defabufer ceux qui pourroient ne pas croire que cette Branche eut l'origine de l'autre.

V. Degré. **ANTOINE BOUDET II** *du Nom, Seigneur de Remonville, Efcuyer d'Efcuyrie du Roy René de Sicille, Capitaine de la ville & du chafteau de Clermont en Barrois.*

Fut le premier qui quitta le Dauphiné; & comme il êtoit cadet, il s'attacha à René d'Anjou, & le fuivit en Lorraine lors qu'il y fut époufer la Princeffe Ifabelle l'an 1431. Il eut plufieurs charges dans la maifon de ce Prince. Il paffa une procuration à N. Homme Hugues Baudet fon frere pardevant du Val & Maliage, Jurez au Tabellionage de Varennes, Bailliage de Clermont en Argonne, le 5 de Novembre 1432. pour affermer quelques biens qui luy appartenoient à Pinette & autres lieux du Viennois. Il faut que ce foit Pinet, & non pas Pinette. L'acte eft tiré de l'arche des contracts de la Prevofté de Varennes. Jeanne du Hatois fon E- *Hatois.* poufe luy procrea.

VI. Degré. **JEAN BOUDET** *Seigneur de Cheppy.*

Noble Jean Gay Seigneur de Cheppy, fit une donnation

à celuy-cy, le 20 de Juillet 1445. de la Terre de Cheppy.
Ce fut en confideration des fervices qu'il avoit receu d'Antoine Baudet, pere de ce Jean. Saubelet du Hatois Efcuyer,
oncle maternel, & tuteur du donnataire, parut dans l'acte.
Le donateur obligea Jean Boudet de porter fes Armoiries, qui eftoient de Gueules à la Fafce d'Or, accom-
pagnée de trois Etoilles de même. Ses fuccesseurs les
ont porté dépuis, & aparamment ce fut par là que cette
Branche quitta les anciennes de fa maison. La femme de
Jean eut nom Marie d'Ambley, d'une famille ancienne du
Ambley Barrois. Elle luy procrea.

    1. Paulet, Seigneur de Remonville, Guidon des Gens-
d'Armes du Comte de Ligny, où il n'y avoit que des Gentilshommes l'an 1485.

    2. Jean aura fon Chapitre.

    3. René, Seigneur de Coutrisson.

    4. Jean, Chanoine de Nôtre-Dame de la Motte.

    5. Efter.

VII. Degré.   J E A N   B O U D E T II. *du Nom,*
Seigneur de Meligny, Confeiller ordinaire, &
Secretaire des Commandemens du Duc de
Lorraine.

Geni-
court.   Eut pour femme Barbe de Genicourt, d'une famille du
Barrois, laquelle eft éteinte, & portoit pour Armoiries *de Sa-*
ble à la Treffle d'Or. Un partage du 27 de Juin 1528. fait la
preuve de l'exiftence de celuy-cy, & de fes enfans nommez,

    1. Henry, Seigneur de Remonville.

    2. René fuivra.

    3. Jean mourut fans enfans.

Auril-
lot.   4. Barbe fut mariée à Iean Aurillot, Efcuyer, d'une Famille qui a produit des Prefidens en la Chambre des Comptes de Bar, & des Confeillers au Parlement de Paris.

RENE' BOUDET, *Seigneur de*

VIII. Degré. *Meligny, de Vaſſincourt, de Courgeraines, & de Villetard, Preſident en la Chambre des Comptes de Bar.*

Fut marié trois fois. La premiere avec Claudine Prudhom- *Prud-* me. La deuxiéme avec Loüiſe de Poüilly. Et la troiſiéme *homme.* avec Madelaine de Marconville. Un partage fait entres les *Marcõ-* enfans du premier lict, pour la ſucceſſion de leur mere le 25 *ville.* de Ianvier 1551. prouve la premiere alliance & les fait con- noiſtre. Le contract de mariage du 19 d'Aouſt 1632. juſtifie la deuxiéme, & celuy du troiſiéme mariage eſt du 24 de Fe- vrier 1556. René teſta le 23 d'Octobre de la même année. Ses Lettres de proviſions de Preſident en la Chambre des Comptes de Bar ſont du 19 de Septembre 1544. on y lit que déja il avoit eſté Auditeur en la même Chambre, Maiſtre des Requeſtes & Secretaire des Commandemens du Duc de Lorraine & que ce Prince l'avoit envoyé en qualité d'Am- baſſadeur en Allemagne, en France, en Eſpagne & en Flan- dre. Il ſe voit par le livre de la Boulaye Herault d'Armes & par les traitez & alliances de la Maiſon de Lorraine, qu'il fut envoyé vers l'Empereur Charles-Quint avec le Prince de Salme, pour traitter le mariage du Prince François de Lor- raine fils du Duc Antoine avec Chreſtienne de Dannemark niece de cét Empereur. Voicy les noms des enfans que René eut de ſes trois femmes, que j'ay tirez d'une tranſaction faite entre eux, & homologuée au Bailliage de Bar le 10 de De- cembre 1573.

Du premier lict.

1. Giles Grand Prevoſt de l'Egliſe de Noſtre-Dame de la Mothe.

2. Loüiſe femme de Iaques de Rouin Eſcuyer, d'une fa- *Rouin.* mille du Barrois originaire de Dauphiné.

Ancy. 3. Renée marieé à Henry d'Ancy Efcuyer, d'une famille tombée en quenoüille n'en reftant que la Baronne de Roreray, & la Dame de Maffembart.

Du deuxiéme lict.

4. Adrian mort à l'âgé de 15. ans.
5. René mourut fans pofterité.
6. René 2. fut moine de l'Ordre de Premontré.
7. Iean a continué.
8. Ieanne.
Moitrey 9. Marguerite efpoufe de Humbert du Moitrey Efcuyer Seigneur de Cutines. Le Vicomte d'Aran qui demeure dans le Luxembourg eft le chef de cette famille.
10. Louïfe Religieufe à Iuvigny.

Du troifiéme lict.

11. Iean Segneur de Meligny Baillif & Gouverneur de Montmirail.
le Lieur 12. Nicolas Seigneur de Courgeraines efpoufa Valence le Lieur fille de Iean le Lieur Efcuyer Confeiller au Parlement de Paris, puis Préfident en la Cour des Monnoyes. Le contract de Mariage fut fait le 30. de Septembre 1586.
13. Antoine Seigneur de Chemin.
Iuliac 14. Chreftienne fit alliance par mariage le onziéme d'Avril 1586. avec Mery de Iuliac Efcuyer Seigneur de Manemire & de Beauvais en Brie.

IX. *Degré*   **IEAN de BOUDET**
III. du nom Seigneur de Cheppy,

Lamay. Porta les Armes en Flandres & en Allemagne. Il fe maria en Flandres avec Marguerite de Lamay & mourut peu de temps aprés, laiffant pour enfans,

1. Iean qui fuit.
2. Alexandre a fait branche.

X. Degre. IEAN *de* BOUDET
IV. du nom.

S'eſt marié dans la Ville de Paris, & a traité de tous ſes droits ſucceſſifs avec Alexandre ſon frere. Il a eu pour enfans.

1. François Conſeiller & Commiſſaire en la Cour des Monnoyes, qui d'Antoinette de Creil ſa femme n'a laiſſé *Creil.* qu'une fille.
2. Iean Treſorier du Regiment des Gardes, n'eſt pas marié.
3. Marie-Urſuline.
4. Anne mariée en premieres nopces à .... Picard *Picard.* Maiſtre des Comptes de Paris. Et en deuxiéme nopces à ... . de la Vaumiere cy-devant premier Valet de Garde- *la Vaumiere.* Robe du Roy.

BOUDET DE PARIS

III. BRANCHE.

X. Degré ALEXANDRE *de* BOUDET
Seigneur de Romagne & de Beüil
l'un des Chevaux Legers de ſon
Alteſſe de Lorraine.

Deuxiéme fils de Iean III. & de Marguerite de Lamay fit une tranſaction homologuée le 10. de Fevrier 1619. avec Iean & Nicolas ſes oncles. Il fonda deux Meſſes dans l'E- gliſe de Romagne le 21 de Iuin 1648. de Nicole de Moulins *Moulins.* ſa femme il a laiſſé

1. Ponce-Alexandre qui ſuit.
2. Iacques Religieux Recollet.
3. Alix.

4. Marguerite.

XI. Degré

PONCE - ALEXANDRE
de BOUDET *Seigneur de Pont-*
boudet en Argonne, Conseiller du Roy
en la Cour des Monnoyes à Paris

Il n'eſt point marié. C'eſt un homme d'excelent merite ſçavant aux belles Lettres & chery des perſonnes d'eſprit & de reputation ; particulierement du celebre Mr Peliſſon & de la Sapho de noſtre ſiecle, Mademoiſelle de Scudery. Il a ajouté en ſes Armoiries deux faſces l'une au deſſus des deux eſtoilles du chef & l'autre au deſſous de l'eſtoille de pointe, & il met en écartelure les anciennes Armoiries de la famille telles qu'elles ſont a la teſte de cette Genealogie. Il fut receu en la Charge de Conſeiller du Roy en la Cour des Monoyes le 23. de May 1653. Il fit hommage Noble du fief de Romagne, appellé vulgairemeut Pont-Boudet le 30. d'Octobre 1663. à Mr le Prince. Lors de la recherche des Nobles, il a ſuffiſamment prouvé l'ancieneté de ſa Nobleſſe par les titres énoncez cy-devant.

D'YSE.

D'Argent au Lyon de Gueules traversé d'une Bande d'Azur, chargée en chef d'une Fleur de Lys d'Or.

S

ALLIANCES.

AMEDE'E.	MONTOLIEU.
ANCELLE.	OURCIERES.
ARENES.	PERRACHON.
ARMAND.	*Du* PUY.
ARTAUD.	RENARD.
BERTET.	RIVIERE.
BONIFACE.	SYLVE.
BRENIEU.	TEMPLERY.
CARITAT.	VAUSERRE.
CROTTE.	VULSON.

ARBRE GENEALOGIQVE.

PREMIERE BRANCHE,

QVI EST CELLE

DE ROSANS.

Crapace 1424.
Lunette de Boniface.

Iſnard 1473.	Honoré.	Iacques, Loüis.	Iean, Bertrand. Honoradet. Vrbanie.	
Marthe Amedée.		Ecclef.	Eccl.	Caterine Crotte.

Thomas.	Alonce 1520.		Antoine. Iacques.
Pierrette de	Peronne d'Ancelle.		
Montolieu.			

Iean 1555.
Ieanne d'Orcieres.

Iean-Antoine 1593.	Pierre a fait branche	Marguerite.	Loüiſe.
Marie de Riviere.			

François.
Suſanne Renard.

Iacques 1660.	Pierre. François. Charles.	Iuſtine.	Marie.	Eſter. Marguerite.
Loüiſe Perrachon.		Iean	Henry de	
		Artaud.	Caritat.	

François. Suſanne

DEUXIEME BRANCHE,

QVI EST CELLE

DE SEISSINS.

Pierre.
Barbe d'Arenes.

Pierre.	François.	I. Antoine.	Alexandre.
			Iſabeau de
			Vauſerre.

HISTOIRE

ET

PREUVES.

Y SE est une Parroisse de la Comté & de l'Evê-ché de Nice, bâtie sur un Rocher au bord de la Mer en Provence. Elle a donné son nom à cette Famille, qui a long-temps possedé les Terres de Monaco & de la Turbie, conti-guës à celle d'Yse, & dont Rostang & Ferrand d'Yse prêterent homage l'an 1247. à Charles d'Anjou Com-te de Provence, I. du Nom, frere du Roy S. Loüis, & Ma-ry de Beatrix Berenger, heritiere de la Comté de Proven-ce. C'est ce que rapporte Nostradamus en l'Histoire du mê-me Païs part. 3. pag. 212. où les Armes de la Famille sont empreintes & blazonnées ; voicy ses termes. *Les mesmes de-voirs de Vasselage avec des beaux & honnorables presens, presterent Rostang & Ferrand de Ysia, Seigneurs de la Turbie, qu'on appelloit anciennement* Trophea Augusti, *& de Mourgues, que Ptolo-mée nomme* Portus Monicus, *& quelques autres* Portus Hercu-lis, *Famille qu'on trouve encore droite en Provence, à Aix, à Ta-rascon, & en Dauphiné, qui tiennent l'Ecu d'Argent à un Lyon rampant de Gueules, traversé d'une Bande d'Azur, chargée en chef d'une Fleur de Lys d'Or.* Au rapport de cét Historien, on voit que déja de son temps cette Famille avoit donné un de ses branches au Dauphiné.

Les reconnoissances passées en faveur des mesmes Roftand & Ferrand d'Yse le 24. de Iuillet 1245. par les habitans de Monaco & de la Turbie, regiftrées au Regiftre *Pargamenorum*, confervé aux Archives du Roy en la Chambre des Comptes de Provence,& plufieurs autres actes font auffi voir leur exiftence.

Les mefmes Archives font foy que l'année 1264. & 17. ans aprés l'homage de 1247. Roftang & Ferrand d'Yse, Seigneurs de la Turbie, & de Monaco, accompagnerent Charles Comte de Provence en la conquefte du Royaume de Naples & de Sicile; & Noftradamus page 238. de la mefme Hiftoire les nomme parmy ceux des Familles Illuftres qui fuivirent ce Prince dans cette glorieufe expedition.

Ils firent un long fejour à Naples, & y laifferent leur pofterité; car en 1310, Robert Duc de Calabre, XIII. Comte de Provence. Eftant allé prendre poffeffion de ce Royaume, fit & inftitua plufieurs Comtes; & entr'autres Pierre Coffa d'Yse Comte de Bellanto; & la mefme année ce Prince ayant conduit une armée de Naples en Sicille contre Frederic, Pierre Coffa d'Yse fut du nombre des Seigneurs qui l'accompagnerent: c'eft ce que rapporte le même Noftradamus pag. 375. & 376.

Ces remarques hiftoriques ont efté neceffaires pour juftifier que la Provence eft le païs d'origine de cette Famille, & que Naples l'a poffedée quelque temps. Maintenant je viens à Crapace d'Yse qui eft celuy qui l'a rétablie en Provence, que je prouve nettement eftre l'un des fucceffeurs de ceux qui ont fait leur fejour dans le Royaume de Naples pendant plus de fix vingts ans. C'eft à luy feulement que je commence le premier degré de cette Genealogie, en établiffant la defcendance & la filiation de cette Famille fans aucune interruption par contracts de mariage, teftamens, partages, & autres actes authentiques; ne pouvant pas articuler une filiation depuis Pierre Coffa d'Yse Napolitain jufqu'à Crapace d'Yse, pour n'avoir veu aucun titre ny au-

cun Hiſtorien qui m'ait appris le nom de ceux qui ont paru
entre deux.

I. Degré.   CRAPACE D'YSE,

Quitta Naples, & fut attiré à Marſeille par le reſſouvenir
du païs de ſes Ancêtres. Il ſuivit Loüis Comte de Provence,
dans toutes ſes guerres, & dans les voyages qu'il fit en divers temps en Italie & en Provence. Ce Prince luy donna
ſuffiſamment du bien pour luy oſter le regret qu'il pouvoit
avoir en abandonnant le païs de ſa naiſſance. La Chambre
des Comptes de Provence a dans ſes Archives au Regiſtre
Crucis fol. 173. *verſo.* le don que luy fit, & à Jacques ſon
fils Loüis III. du Nom, Roy de Hieruſalem, & de Sicille
Duc d'Anjou & Comte de Provence, des Iſles de Mer de
Marſeille, & des droits de Ban au Terroir de cette Ville,
*en recompenſe des ſignalez ſervices que Crapace d'Yſe luy avoit
rendus tant par mer que par terre dans toutes les occaſions de
guerre qui s'eſtoient preſentées.* C'eſt ainſi qu'en parlent les
Lettres de don. On y lit encore que Crapace eſtoit nou-
vellement venu habiter dans la Ville de Marſeille. Elles ſont
du 14. d'Octobre 1424. & furent verifiées & enregiſtrées
en la meſme Chambre des Comptes le 15. de May 1425.
Il mourut à Marſeille, & fut enſevely dans une Chapelle
qu'il avoit ſondée en l'Egliſe Cathedrale de ſainte Marie
Major. Le Pere Jean-Baptiſte Gueſnay de la Compagnie de
Jeſus dans ſon Livre intitulé, *Provinciæ Maſſilienſis Annales,
ſive Maſſilia gentilis & Chriſtiana fol.* 110. ſous le titre de ſaint
Reſtitut nomb. 3. ſur la fin parle de cette Chapelle & du
Tombeau de Crapace d'Yſe en ces termes. *In Templo Cathe-
drali Maſſilienſi ſanctæ Mariæ Majoris, Ara & Sacellum huic S.
Reſtituto dedicatum habetur in quo tumulus optimo Albario Ex-
politus, ac Sepulchrum viſitur hæreditarium cum ſimbolis gentilitiis
familiæ antiquiſſimæ ac Nobiliſſimæ Crapacij de Yſia Neapolitani, qui
inter aulicos & regiarum partium æmulatores pro Rege Ludovico*

III. utriusque Siciliæ Rege ac Comite Provinciæ Massiliam traji-
ciens, sedem ibi ac domicilium multis à Rege prærogativæ juribus
auctus collocavit an. 1424. ante hanc igitur Sancti Restituti aram
ex ædificato privati usus sepulchro tum ipsius Crapaci parentis ossa
& cineres, tum posterorum honnorati, Iacobi, Ludovici, Ioannis de
Ysia, cæterorumque deinceps terra humati sunt. Cet Autheur
dans ce difcours rapporte une partie de l'Epitaphe de Crapace d'Yfe que l'on voit fur fon tombeau ; l'on y remarque
l'ancienneté de la Nobleffe de cette Famille, & cette verité
que Crapace d'Yfe eftoit venu de Naples à Marfeille. Il
Bonifa- eut de Lunette de Boniface fa femme,
ce.
      1. Ifnard qui a continué.

      2. Honoré, en faveur de qui le Roy René Comte de
Provence, apres la mort de Crapace fon pere, confirma en
partie le don des Ifles de mer & droit de Ban de Marfeille,
que Loüis III. Comte de Provence avoit precedamment fait
à fon pere & à Jacques fon frere. Il en appert par des Lettres
Patentes du 19. de Juillet 1477. confirmées & reiterées le
19. de Novembre 1478. aufquelles font jointes les Lettres
d'attache & de juffion de Baudricourt Gouverneur de la
Province, pour le faire joüir de cette conceffion du 9. de
Juillet 148 3. Elles font regiftrées aux mêmes Archives. Je
les ay veuës en original, m'ayant efté remifes par le chef
de la Famille. Honoré d'Yfe fut premier Conful de Marfeille en 1489.

      3. Jacques, Chanoine de Marfeille.

      4. Loüis.

      5. Jean, Religieux de S. Victor, & Prieur de S. Nicolas.

      6. Bertrand.

      7. Honoré II. dit Honoradet, Viguier de Tarafcon en
1468. & premier Conful de la même Ville en 1477. Eut
pour femme Caterine Crotte, fille de Noble Iacques Crot-
Crotte. te de Marfeille. Il fit branche fonduë en la maifon des Ber-
Bertet. tets de Tarafcon, d'où eft iffu Meffire I. Bertet Doyen du
Chapitre de l'Eglife de Sainte Marthe de Tarafcon, enfui-
te de la nomination du Roy.

8. Urbanie.

Cette filiation est justifiée, premierement par un contract de vente passé par Iacques d'Yse , Chanoine de Marseille , tant en son nom que d'Isnard, Honoré, Bertrand, Honoradet & Urbanie d'Yse, enfans & heritiers de Crapace, d'une maison située à Marseille, laquelle avoit appartenu à Crapace leur pere. L'acte est du dernier de May 1458. receu par Iean Iullian Notaire de Marseille. En deuxiéme lieu, par une procuration passée par Honoré d'Yse Viguier de Tarascon à Isnard d'Yse de Marseille , & Jean d'Yse Prieur de S. Nicolas ses freres, pour transiger sur ce qui restoit deu à cét Honoré de la dot de Catherine Crotte de Marseille sa femme ; cette procuration est du 3. de Novembre 1468. receuë par Antoine Heyraudy Notaire de Tarascon. En troisiéme lieu , par le partage des biens de Crapace, fait entre Isnard & Honnoré d'yse freres, en qualité de fils & coheritiers de Crapace d'Yse, en presence de Jean d'Yse Prieur de S. Nicolas leur frere , du 20. de Decembre 1473. receu par Barthelemy Darnety Notaire de Marseille. Et finalement par la donnation faite entre-vifs, par Demoiselle Lunette de Boniface , vefve de Crapace d'Yse de la Ville de Marseille, à Isnard d'yse son fils, de tous ses biens. Elle est du 19. d'Aoust 1474. receuë par André Payany Notaire de Marseille.

ISNARD D'YSE,
Gouverneur de Madremagne en Catalogne,

II. *Degré.*

Fut pourveu du Gouvernement & Capitainerie de Madremagne en Catalogne en 1470. par le Roy René Comte de Provence ; comme le mesme Nostradamus le rapporte page. 631. de l'Histoire de Provence ; son Alliance fut avec Marthe Amedée, fille de Noble Guillaume Amedée & de Caterine Cardette. Il en eut

Amedée. Cardette.

T

1. Thomas qui époufa Pierrette de Montolieu de Marfeille. Il continua & fit branche, de laquelle eft iffu Marc-Antoine d'Yfe Receveur Général des Finances de Provence, qui n'a qu'une fille nommée Therefe mariée à N. Marc-Antoine de Templery, Confeiller du Roy en la Cour des Comptes, Aydes & Finances de la même Province.

2. Alonce qui fuit,

ALONCE D'YSE,

III. Degré.   *Seigneur de Vaumeil.*

Le teftament de Marthe Amedée vefve d'Ifnard d'Yfe, & mere de Thomas & d'Allonce d'Yfe, du 3. de Septembre 1505. receu par Guillaume Ollivarij, Notaire de Marfeille, fait mention de ces deux freres, Honoré d'Yfe frere d'Ifnard fit une donnation entre-vifs, en prefence du Juge du Palais de Marfeille, à cét Alonce d'Yfe fon neveu, qu'il qualifie fils d'Ifnard, ce fut de tous les droits fucceffifs & pretentions qu'il pouvoit avoir pour fa part dans les biens de Crapace d'Yfe & de Lunette de Boniface fes pere & mere, & outre ce de la moitié, concernant Alonce des fommes defquelles Ifnard d'Yfe, fon pere eftoit debiteur en fon propre d'Honoré. L'acte eft du 27. de Decembre 1507. pardevant Pierre Morlary Notaire de Marfeille. Thomas & Alonce d'Yfe freres, tranfigerét en qualité de fils & heritiers d'Ifnard avec les Freres Mineurs de Marfeille, fur un procez meu avec leur pere; par acte du 7. de May 1508. receu par Jean Caradet Notaire de Marfeille. Alonce contracta mariage avec Peyronne d'Ancelle, Dame d'Aftoing & de Vaumeil

fille de N. Antoine d'Ancelle le 15. d'Avril 1520. receu par Merlery Notaire d'Aix. Ce mariage donna lieu à Alonce de changer d'habitation: car il quitta la Ville de Marfeille & vint habiter dans la Terre de Vaumeil, dépendante du Diocefe de Gap & du Baillage de Sifteron, proche de la Riviere de Durance, dans les Montagnes de Provence conti-

guës à celles de Dauphiné. Les habitans de Vaumeil passerét
des Reconnoissances Feodales en sa faveur, comme mary de
Peyrône d'Ancelle en 1534. & trâsaction sur divers droits &
pretentions qu'Alonce d'Yse & Peyronne d'Ancelle avoient
contre eux receuë par Jean d'Aigremont Notaire de Siste-
ron , le dernier jour de Septembre de la mesme année.   La
donnation & cession qui fut faite a Alonce d'Yse, par Peyronne d'Ancelle sa femme le 12. d'Octobre 1542. receuë par le
mesme Notaire establit encor tres-particulierement le
changement d'habitation de Marseille à Vaumeil qu'avoit
fait Allonce. Il eut pour fils.

JEAN D'YSE,

IV. Degré.   *Seigneur de Vaumeil.*

Peyronne d'Ancelle sa mere, l'institua son heritier par son
testament du 4. de Juillet 1538. receu par le mesme d'Aigremont : elle le surnomme d'Ancelle.   Il contracta mariage le
28. d'Avril 1555. receu par Reynaud Lumbard Notaire de
Ventavon, avec Jeanne d'Orcieres, fi.le de N. Esprit d'Orcie- *Orcie-*
res , & de Marguerite Sylve, en presence de NN. Nicolas & *res.*
Antoine de Baratier du lieu de Vaumeil , cousins germains *Sylve*
de l'Epoux, de Caterine & de Jeanne d'Orcieres, sœurs de l'E-
pousée, laquelle testa le 20. de May 1587. pardevant Marti-
ne Notaire de Vaumeil. Elle estoit veufve de ce Jean d'Yse,
auquel elle procrea ,

1. Jean Antoine, qui aura son Chapitre.
2. Pierre a fait branche.
3. Marguerite.
4. Loüise.

V. Degré.

JEAN-ANTOINE D'YSE,
Capitaine des Gardes du Connesta-
ble de Lesdiguieres, & Gouverneur
du Chasteau d'Exilles & de la Val-
lée d'Ouls, Seigneur de Rosans,
Gentil-homme Ordinaire de la Mai-
son du Roy,

S'attacha aux armes lors des guerres civiles de la Religion, & suivit François de Bonne Seigneur de Lesdiguieres, qui fut en aprés Connestable de France en diverses occasions, que ces guerres firent naistre en Dauphiné, & qui susciterent plusieurs combats entre les Ligueurs & ceux de la Religion protestante que celuy-cy avoit embrassée. Il fut Capitaine des Gardes du mesme Seigneur, duquel il acquit la Terre de Rosans, dont il receut l'investiture de la Chambre des Comptes de Dauphiné le 6. de Fevrier 1601. & en presta homage l'an 1610. à la maniere des Nobles aprés avoir suffisamment prouvé sa qualité suivant l'Usage de cette Province, avant le cadastre à l'égard des étrangers qui venoient y habiter, comme avoit fait celuy-cy. Ce fut avec honneur qu'il commença de paroistre en Dauphiné, & le fameux Connestable de Lesdiguieres, qui ne se trompoit jamais dans les choix de ceux qu'il employoit aux commissions de la guerre où il estoit particulierement attaché, en donna à Rosans, qui répondirent à l'esperance que ce grand homme en avoit conceüe. Il avoit esté pourveu en 1594. du Gouvernement d'Exilles, & estant sorty de cette Place avec quelques hommes pour aller combattre le Colonel Pontus dans la Vallée de Prajella ; il le battit, & défit douze cens Savoisiens qu'il commandoit. Lors que Lesdiguieres fit dessein de prendre le Fort de Barraux sur le Duc de Savoye l'an 1598. il distribüa des soldats & des échelles à ceux dont le courage luy estoit parfaitement connu. Rosans eut cinq échelles & des

Arquebufiers d'Elite; c'eſt ainſi qu'en parle Loüis Videl ch.
7. & 9. de l'Hiſtoire du Conneſtable. Henry IV. luy avoit
donné un brevet de Gentil-homme de ſa Chambre le 15. de
Janvier 1601. Loüis XIII. luy en donna un ſemblable le 2.
de Mars 1613. Il avoit épouſé le 27. d'Aouſt 1606. Marie
de Riviere, fille de Jean de Riviere, Eſcuyer du Roy & Sei- *Riviere*
gneur de Vaux-la-Reine, & de Juſtine de Brenieu. Il teſta *Brenieu*
le 18. d'Aouſt 1612. & laiſſa un ſeul fils qui fera la matiere du
ſixiéme degré.

VI. Degré.

FRANCOIS D'YSE,
Seigneur de Roſans, de Chaſteau-
neuf-de-Mazenc, de Saleon, &c.
Conſeiller du Roy au Parlement de
Grenoble,

A pris alliance avec Suſanne de Renard, fille de Flo- *Renard*
rent de Renard Seigneur de S. Jullien & d'Avançon, Conſeiller du Roy en ſes Conſeils, & Premier Preſident en la
Chambre des Comptes de Dauphiné, & de Marguerite Ar- *Armd*
mand, par contract de mariage du 17. de Novembre 1633. il
eſt encore vivant; & aprés avoir exercé pluſieurs années la
Charge de Conſeiller au Parlement de Grenoble, il l'a reſi-
gnée à Jacques ſon fils. Il a pour enfans,

1. Jacques dont je feray mention.

2. Pierre ſieur de l'Eſtan, mort Capitaine au Regiment
de Turenne au dernier Siege de Dunkerque, aprés s'y eſtre
fait connoiſtre en homme de cœur. Il r'alia les Fuyards lors
de l'attaque de cette Place, & gagna une demy lune le lende-
main, par la perte de tous ceux preſque qu'il y commandoit.
Il y fut bleſſé d'un coup de mouſquet à la jointure de l'épaule
gauche au deffaut de la cuiraſſe, & eſtant porté à Mardic, le
Roy dans ſon paſſage le fit arreſter, & aprés l'avoir veu, il le
recommanda, & l'honora des témoignages de ſon affection, il
mourut de ſa bleſſure quelques jours aprés.

3. François, Capitaine dans le Regiment de Picardie.

4. Charles a combatu en Flandres pour le service du Roy dans les dernieres guerres où il estoit Cornette au Regiment de Fourrilles, & après de Bethune, il est à present dans celuy du Marquis de Neré.

Artaud   5. Justine femme de N. Iean Artaud de Montauban, Seigneur de la Roche sur le Buys.

Caritat   6. Marie Epouse de N. Laurent de Caritat, Seigneur de Condourcet.

7. Ester.

8. Marguerite.

VII. Degré.   JACQUES D'YSE, *Seigneur de Salcon, Conseiller du Roy au Parlement de Grenoble,*

Perra-   A épousé le 2. de Septembre 1660. Loüise Perrachon, fil-
chon.   le de N. Marc Perrachon, Seigneur de Pontaix, du Collet,
Vulson.   &c. Conseiller au mesme Parlement, & de Françoise de Vulson, & petite fille de N. Jean Perrachon, Receveur des Consignations de la Ville de Lyon. Les Armoiries de cette Famille sont *Coupé d'Or & d'Azur à la Gruë de l'un en l'autre.* Jacques d'Yse a deux enfans.

1. François.

2. Susanne.

D'YSE DE SEISSINS.
II. BRANCHE.

V. Degré.   PIERRE D'YSE, *Lieutenant, puis Gouverneur du Fort d'Exilles.*

Fils puis-né de Iean d'Yse & de Ieanne d'Orcieres, s'est

allié avec Barbe d'Arenes , par contract de mariage du 10. de Fevrier 1597. Il fut premierement Lieutenant de Iean-Antoine son frere au Gouvernement d'Exilles, puis il en fut fait Gouverneur , son frere estant mort, & fut aussi Capitaine de deux Compagnies entretenuës; il eut mesme une commission de lever un Regiment. Il testa le 13. de Septembre 1641. & eut pour enfans.

1. Pierre, qui fut tué au Siege de Valence en 1635.

2. François mourut au mesme endroit.

4. Iean-Antoine en fit de même.

4. Alexandre a continué.

ALEXANDRE D'YSE,

VI. Degré. *Capitaine au Regiment de Lesdiguie-res, & Conseigneur de Seissins.*

A long-temps fait la guerre pour le service du Roy. Il a épousé l'onziéme d'Avril 1654. Isabeau de Vausserre, fille de N. Cesar de Vausserre Baron des Adrets, & de Marguerite du Puy Montbrun, & n'a qu'une fille nommée Isabeau.

LANCELLIN.

De Gueules à trois Croiſſans montans d'Argent, deux & un.

V

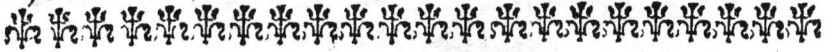

ALLIANCES.

ALLAMAN.   MARSANE.

du FAURE.   du PILLON.

FLOCARD.   SAINT-FERREOL.

GUILLAUMONT

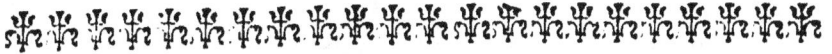

ARBRE GENEALOGIQVE.

Nicolas 1591.
Gabrielle de Saint-Ferreol.

Iacques 16.7.
Alexandrine de Saint-Ferreol.

Aymar.   Scipion.   Louys-Emé.
Charlote de Guillaumont.   Abbé de Cruas.

Iean-Antoine.   Scipion.
Ifabeau du Pillon.

Scipion. Laurent. François. Alexandre. Marie. Ifabeau.

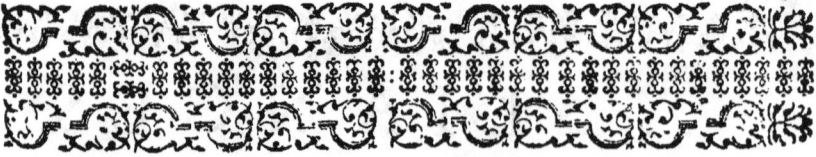

HISTOIRE

ET

PREUVES.

ORS des guerres civiles de la Religion, la France n'avoit point de Province qui ne fuſt agitée par l'intereſt de la ligue, ou par celuy des Proteſtans ; mais ſur toutes, celle de Dauphiné reſſentoit violemment ces agitations. Elle n'avoit point de Ville, de Bourg, ny de village où ces mêmes intereſt ne produiſiſent la deſolation & le deſordre par des quereles & des démelez qui naiſſoient tous les jours, ou par un pretexte de Religion ou par celuy de l'Eſtat. Ainſi on peut dire que la guerre avoit eſtabli ſon empire dans cette miſerable Province. Nicolas de Lancelin originaire de la Ville de Mans, où ſa famille avoit toûjous veſcu Noblement & eu de beaux emplois, eſtant né pour la guerre & ne trovant pas que dans ſon pays elle luy peut donner dequoy exercer ſon courage fuſt attiré en Dauphiné par le bruit de celle de cette Province, il y prit party & s'y eſtant eſtabli honorablement, il y fit venir ſon neveu duquel je vais décrire la poſterité aprés avoir parlé de ſon oncle qui fera la matiere du premier degré.

NICOLAS *de* LANCELLIN,

I. degré. *Seigneur de la Rouliere Lieute-*
nant au Gouvernement de Valan-
ce, puis Gouverneur de Monteil-
limart.

La valeur & la perfonne deMontbrun,&deLefdiguieres
luy eſtoient en veneration, mais leur party & leur Religion ne furent pas de ſon gout, tellement qu'eſtant arrivé
en Dauphiné, il ſe jetta d'abord dans les troupes Catholiques, & ſoûs Rambaud de Simiane Marquis de Gordes
Lieutenant de Roy en cette Province, avec lequel il ſe
trouva en diverſes occaſions & pluſieurs combats contre
les Huguenots : mais le Roy Henry IV. ayant ſuccedé à
laCouronne,le party deLeſdiguieres n'eſtant plus celuy de
la Religigion,mais celuy du Roy,Lancellin ſe joignit à luy
& marcha contre les rebelles où il donna des marques de
ſi grand courage que ſa Majeſté l'ayant ſceu le recompen-
ſa de la charge de Lieutenant au Gouvernement de la
Ville & Citadelle de Valence, & dans cette charge il ſauva deux fois cette Ville des attaques & des entrepriſes des
ennemis du Roy, abbattit les eſchelles plantées contre la
Citadelle & les chaſſa d'aupres des murailles. Il fut fait
enſuite Gouverneur de la Ville & de la Citadelle de Monteillimart qu'il conſerva contre les ennemis quand elles
furent attaquées à force ouverte, mais qu'il ne peut défendre contre la trahiſon d'un de ſes beaux-freres qui luy
ayant ſubtilement oſté un de ſes gands le porta à celuy
qui gardoit une des portes de la Citadelle,qui l'ouvrit à la
veuë de ce gand qui luy fut preſenté comme une marque
de commandement, les ennemis y entrerent & obligerent Lancelin & la garniſon d'en ſortir. Il ſe retira à la
Rouliere dans le bas Dauphiné qu'il avoit acquis, vint
mourir à Valance dont il eſtoit toûjours Lieutenant de

Roy. Il eut auſſi un Regiment dans les troupes de la Va-
lete, & donna par tout de témoignages viſibles d'une grande valeur ; ainſi que ſa Majeſté le luy eſcrivit pluſieurs-
fois & particulierement l'année 1591. & reconnut les ſervices qu'elle en avoit reçus par pluſieurs emplois militaires qu'elle luy donna. Sa femme eut nom Gabrielle de S. Saint-
Ferreol fille de Noble Claude de S. Ferreol, & d'Iſabeau Ferreol,
de Marſane de laquelle il n'eut point d'enfans : Jacques ſon Marſane.
neveu luy ſucceda , & il l'adopta comme ſon fils ce qui
m'oblige à le mettre dans le deuxiême degré.

JACQVES de LANCELLIN

Seigneur de la Rouliere ,

II. degré

Il mourut brigadier dans la Compagnie des Gardes du
Corps du Roy, & Gentilhomme de ſa Chambre ; & avoit
eſté Capitaine de deux cent hommes de pied au Regiment de Monteyſon , & enſuite Capitaine dans le Regiment
du Paſſage ; il ſe trouva aux ſieges de la Mure d'Or-
mieu , de Monteillimart , d'Urre , & autres. Il paſſa en
Savoye avec l'armée du Duc de Crequy, & fit differentes
belles actions comme Sa Majeſté luy témoigna par pluſieurs lettres qu'elle luy eſcrivit aux année 1601 & 1602
où elle declare qu'elle le conſideroit comme le ſucceſſeur
de Nicolas de Lancellin ſon oncle, les ſervices duquel ê-
toient encore dans ſa memoire, il en fait un aveu dans ces
mêmes lettres, où il dit que comme Jacques avoit ſuccedé
aux biens de ſon oncle il vouloit qu'il ſuccedaſt à ſes honneurs & à l'affection qu'il luy portoit, tellement que j'ay
eu raiſon de mettre Jacques dans le deuxiéme degré de
cette Genealogie, l'ayant conſideré comme le fils adoptif
de l'autre, non ſeulement par le conſentement de Nicolas mais encore par celuy du Roy & par ſa volonté ; en
ayant fait une expreſſe declaration. Jacques ne peut jouïr
long-temps de cette gratification il fut aſſaſſiné en 1610.

Son alliance fut avec Alexandrine de S. Ferreol fille de
Noble George de S. Ferreol & d'Alexandrine Flocart ;
elle se remaria à Noble Pierre du Faure la Riviere President au Parlement de Grenoble & en eut des enfans. Voicy ceux du premier lict.

1. Aymard dont je parleray.

2. Scipion Abbé & Seigneur de Cruas, qui mit la
Crosse bas pour prendre l'Espée, & défendre Cruas con-
tre les troupes Huguenotes commandées par le Duc de
Rohan.

3. Louys-Emé, Ayde de Camp & Capitaine au Regiment de Normandie, où il est mort, l'ayant plusieurs
fois commandé comme plus ancien Capitaine.

III. *Degré.*   AYMAR *de* LANCELLIN,
Seigneur de la Rouliere.

Il commença à l'âge de 18 ans de porter les Armes, &
il n'en avoit que 19 lors qu'il fut pourveu d'une compagnie de gens de pieds au Regiment de Montreal ; & en
cette charge il se trouva aux sieges de Privas, Vals, Vas-
san, & Villeneufve. Il signala son zele contre les rebelles
quoy qu'ils fussent ses voisins, & il leva à ses dépens une
compagnie de cent hommes, avec lesquels il se jetta dans
la place des Tourrettes, où il s'opposa aux courses des ennemis. Il suivit ensuite l'armée de Languedoc, & fut au
siege de Montpellier. Il fut fait Gouverneur de Cruas par
le Marechal de la Force, & le défendit avec ses freres &
60 hommes contre l'armée du Duc de Rohan, qui fut
contraint de lever le siege, après avoir battu 15 jours cette place avec deux pieces de canon. Il fut fait Capitaine
au Regiment de Forets par lettres du 6 de Novembre 1635.
Tout ce que je viens d'alleguer est prouvé par plusieurs
certificats des Generaux d'Armée, par où il se justifie qu'-
il avoit porté les armes pour le service du Roy plus de 25
ans. Il mourut pour le même service le 8 de Fevrier 1640.

au fiege de Thurin, où il eftoit dans l'Arriereban de Dau-
phiné. Il avoit époufé Charlote de Guillaumont le 19 de ^{Guillau-}
Decembre 1623. Elle avoit pour mere N. Allaman de ^{mont.}_{Allaman}
Chafteauneuf.Il tefta le 5 d'Avril 1636. Voicy fes enfans.

   1. Jean-Antoine, qui a continué.

   2. Scipion mourut à Modene eftant Capitaine de
Chevaux legers dans les troupes du Duc.

IV. Degré.   JEAN-ANTOINE *de* LANCELLIN,
Seigneur de la Rouliere.

A l'âge de 18 ans il fut fait Enfeigne au Regiment de
Normandie, & avec fon Drapeau il combatit au fiege
d'Orbitelle, & commanda fouvent des hommes detachez. Il parut au combat & à la prife de Tallamont, & à
celle de Saint-Stephano. Il fut pourveu d'une compagnie
de gens de pied au Regiment de Languedoc, par lettres
du 14 de Juin 1648. Et en cette charge il fe fignala à la
levée du fiege de Guife, & à la fameufe bataille de Re-
thel, avant laquelle ayant efté commandé avec 150 hommes detachez, il les mena jufques aux portes de la ville,
& prit les faux-bourgs des Minimes ; c'eft ce que m'ap-
prennent plufieurs certificats. Enfin le Regiment dans
lequel il avoit fa compagnie s'eftant jetté dans un party
contraire ; il ayma mieux quitter fa compagnie que de le
fuivre, & il fe retira en Dauphiné, où il contracta maria-
ge le 20 de Janvier 1652. avec Ifabeau du Pillon, fille _{du Pillon}
de Noble Henry du Pillon Seigneur de Bouvieres, laquel-
le luy a procreé,

   1. Scipion, Prieur de Luffas.

   2. Laurent, Capitaine au Regiment Lyonnois, qui
s'eft fignalé aux fieges de Grez, Befançon, Dole Salins,
Jouc, Sainte-Anne, & autres dans la Comté de Bourgogne ; puis la campagne fuivante en ceux de Dinan, de
Huis & Limbourg. Et l'année derniere eftant en garni-

fon à Landrecies, il en fut tiré par detachement avec cent hommes pour aller joindre le Baron de Cuinfy dans le Cambrefis. Et garda deux mois le pofte d'Ognies, à la portée du canon de Cambray avec beaucoup de vigilance, ainfi que le même Baron de Cuinfy le témoigne par fon certificat du 30 d'Octobre 1676,

3. François, Lieutenent au même Regiment, où il a donné plufieurs fois des marques vifibles qu'il fuivra l'exemple de fes predeceffeurs. Et particulierement aux fieges de Dinan, Huis, Limbourg, Condé, Bouchain & Aire.

4. Alexandre.
5. Marie.
6. Ifabeau.

LA BAUME

DE SUZE.

D'Or à trois Chevrons de Sable au chef d'Azur, chargé d'un Lyon naiſſant d'Argent, armé & lampaſſé de Gueules, couronné d'Or.

X

ALLIANCES.

ALLEMAN.
ALOYS.
ANCESUNE.
AVALON.
BEAUMANOIR.
des BAUX.
BERENGER.
BOURBON.
CASTILLON.
CERNAY.
CHASTEAUNEUF.
CHISSE'.
CLERMONT-d'AMBOISE
CLEVES.
COSSONAY.
la CROIX- de CHEVRIE-
RES.
ESCALIN.
FAY.
FOGASSE.
GASTE.
GENEVE.
GEOFFROY.
GRAMONT.
GRANGES.
GRASSE.
GROLE'E.
GROLE'E-MEUILLON.
GRUEL.
JOANNAS.
JOYEUSE.
la JUGE'E.

LAYRE-CORNILLON.
LEMPS.
LERS-ALBERON.
LEVIS.
LEUTZON.
LHERE-GLANDAGE.
LORRAINE.
MANTOUE.
MAUGIRON.
MONTAGU.
MONTANY.
MONTDRAGON.
MONSTIERS.
MURINAIS,
NEVERS.
PALATIN.
la PLASSE.
POLIGNAC.
PONTEVEZ.
PORCELETS.
des PREZ.
REPELLIN.
ROURE.
SALUCES.
SASSENAGE.
SAVOYE.
SENETERRE.
SFORCE.
THOLON.
VARCES.
URRE.

ARBRE GENEALOGIQVE.

PREMIERE BRANCHE,

QVI EST CELLE

DU COMTE DE SUZE.

Hugues I. IIII.
Aagardis de Saffenage.

Pierre I. 1120.　　Hugues.　　Arnauld.

Pierre II. 1134.
Marguerite de Repellin.

Guillaume I.　Hugues II. 1181.　Aymard.　　Aujarde.
　　　　　　Ieanne d'Avalon.　　　　　　Lantelme de Varces.

　　　　　Lantelme.　Guillaume II. 1200.　　Berlion.

　　　　　　　　Guillaume III. 1227.
　　　　　　　　Veronique de Berenger.

　　　　　　　　Louys I. 1250.　　Aymar.

　　　　　　　　Guillaume IV. 1266.

　　　　　　　　Guillaume V. 1311.

　　　　Pierre III.　Guelix 1339.　　Humbert.　　Françoise.
　　　　　　　　　Caterine de　　　　　　Thomas de
　　　　　　　　　Coffonay.　　　　　　Murinais.

Aymon I. 1364.　Arnoux,　　Dauphine.　　Françoise,
　　　　　　　Ecclesiaft.　Lantelme　　Religieufe.
　　　　　　　　　　　　Leutzon.

　　　Aymon II. 1375.　　　　　　Louys I.

Iean. Louys II. 1421.　Aymon III. Pierre.　Aymon　　Falconne.
Antoinette de　　　　　　　　　　　　　Leutzon de
Saluces.　　　　　　　　　　　　　　Lemps.

Bertrand 1451.	Louyfe.	Ieanne.
Françoife du Fay.	Eftienne de Montdragon.	Antoine Geoffroy.

Pierre IV. 1502.	Charles, Iean.	Louys, Ifabeau.	Ieanne.	Philipine.
Françoife Aloys.	Evêque.	Ecclef.	Gabriel de Gruel.	Iacques de Montagu.
			. . . . . de la Plaffe.	

Guillaume VI. 1524.	Roftaing,	Iean.	Claire.	Philipinne.	Caterine,
Caterine de Lers.	Evêque.	Ieanne de Ioannas.	Charles de Gramont.	. . . . . . de Graffe.	Religieufe

François 1572.	Marguerite.	Antoinette.	Françoife.
Françoife de Levis.	Aymar d'Ancefune.	Louys d'Vrre.	Antoine de Fay.
	Annet de Maugiron.		

Ferdinand-Roftaing.	Roftaing 1583. Madelaine Des Prez. Caterine de Grolée-meüillon.	Antoine, a fait branche.	Louyfe. Antoine de Saffenage.	Marguerite. Pompée de Pontevez.	Françoife. . . . . de Caftillon.
		George, a fait branche.	Caterine. Claude Allemin.	Charlote. . . . . . du Roure.	

Iacques-Honorat.	Marguerire.	Annet 1631.	Louys-François.	François, Chevalier de Saint Iean.
Françoife Aproune.	Henry de Beaumanoir.	Caterine de la Croix de Chevrieres.	François. Evêque.	
Bernard.				Charles.
				Françoife.

Marguerite, Religieufe.	Louys-François. Paule-Ypolite de Monftiers.	Ioachim-Gafpard. Annet-Triftan, Evêque.	Iuft-François de Fay.
			Marie. Ioachim de Montagu.
			Madelaine, Religieufe
			Charlote. . . . . . de la Garde.
			Anne-Henriette.
			Ieanne. Iean-Pierre de Fogaffes.

DEUXIEME BRANCHE,

QUI EST CELLE

DV BARON DE BAVMES.

Antoine 1618.
Marie de Lhere.

Charles,	George,	Marguerite.	Caterine.	Françoise.
Ecclef.	mort jeune.		Iacques	Louys Efcalin
			de Montany.	Ademar.
			François de	
			Chafteau-neuf.	

TROISIEME BRANCHE,

QUI EST CELLE

DV BARON D'APTS.

George 1595.
Ieanne de Maugiron.

Timoleon.	Annet.	
Caterine de Polignac.		f.mme de Charles de Bourbon.

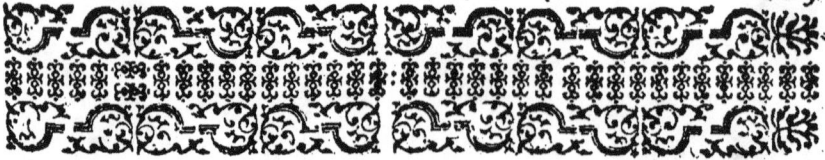

HISTOIRE

ET

PREUVES.

SI l'ancieneté d'une famille la rend confiderable, fi les grands biens luy donnent de l'éclat, fi les emplois, les charges & les dignitez les plus relevées la mettent dans les premiers rangs, fi la faveur des Roys luy procure de l'authorité, & fi les vertus heroiques & l'excelent merite la font paroiftre avec de grands avantages ; il faut avoüer que la Maifon de la Baume de Suze, où l'ancieneté, les biens, les honneurs, les plus hautes Alliances, & toutes les vertus fe font rencontrés, eft une des plus Illuftres de noftre France.

HUGUES *de la* BAUME
Chevalier, premier du Nom.

I. Degré.

Eft le premier qui me foit connu. Aagardis fille d'Hector Seigneur Souverain de Saffenage, & de Cava fa femme, ayant efté fon Epoufe, nous doit faire juger que déja fa famille eftoit confiderable; puifque cette alliance l'eftoit, & que ce Seigneur de Saffenage vivoit independemment & comtoit parmy fes Anceftres des teftes Couronnées. Un Cartulaire de l'Evêché de Grenoble a une Chartre qui eft en ces termes. *Ego Hugo de Balma & uxor mea Aagardis & infantes mei Petrus, Hugo, Arnaldus donamus five ven-* Saffenage *dimus omnes decimas quas Habemus in Parrochia de noyarey Episcopo Gratianopol. Hugoni &c. Laudat hanc donationem Guillelmus de Caſſanatico in cujus poteſtate major pars prædictarum decimarum conſiſtit, laudat hoc Atmarus de Caſſanatico & infantes ſui XI. Kal. Maÿ ann.* 1111. Noyaray eſt une Parroiſſe de la Baronnie de Saſſenage, dont cette famille de la Baume eſt originaire. Voilà la preuve de l'exiſtence de Hugues, de ſon Alliance avec Aagardis, qui dans pluſieurs titres de la Maiſon de Saſſenage eſt nommée fille d'Hector, & de ſes enfans qui furent,

1. Pierre qui a continué.
2. Hugues.
3. Arnauld.

Le même Chartulaire a une autre Chartre qui commence. *Feudum Ierentonis de Balma.* apparemment que ce Jerenton eſtoit frere de Hugues.

II. Degré.

PIERRE de la BAUME
Chevalier, premier du Nom.

Dans le même Chartulaire, il y a une donnation faite d'une dixme au lieu de S. Victor de Melan par Iſmidon Lombard à l'Evêque Hugues & à ſon Egliſe le 22. des Ides d'Avril 1108. & le 28. du Pontificat de cét Evêque, où il eſt dit que ce Pierre de la Baume l'avoit approuvée, parce qu'il y avoit quelque droit de cenſe qu'il tenoit de Chabert de Moretel. Il eut pour fils.

III. Degré.

PIERRE de la BAUME
Demoiſeau II. du Nom

Comme il y avoit eu un grand demeſlé entre les hommes de l'Egliſe de Romans, & Guigues Dauphin Comte d'Albon; la paix fut faite entre l'Abbé de cette Egliſe, qui avoit armé pour ſes vaſſaux, & ce Prince qui eſtoit preſt

d'aller

d'aller à Saint Jacques en Galice avec Amedée Comte de Geneve, comme parle l'acte qui en fut dreſſé l'an 1134. par l'entremiſe de ce même Comte de Geneve, de Guigues de Roſſillon, d'Aymar de Bocſozel, de Joffrey de Moiranc, de Pierre de la Baume, qui compoſe ce degré; de Pierre Theodobert du Savel, de Roſtaing de Montbret, de Pierre Joffrey, d'Aymar de Monts & de quelques autres Gentilshommes qualifiez Chevaliers ou Demoiſeaux. Ce fuſt devant l'Autel de l'Egliſe de S. Bernard que toutes choſes furent pacifiées, & Guigues Dauphin & Guillaume Abbé ſe baiſerent.

Pierre de la Baume, n'y eſt veritablement pas nommé habitant de la Baronnie de Saſſenage, mais il y a apparence que c'eſt le même que celuy, qui ſe trouva preſent dans une donnation faite à l'Abbaye de Laval-Breſſieu par Aymon Peiſſel le 15. des nones d'Avril 1164. de quelques fonds qu'il avoit aupres du bois de Chamberan: où parmy les témoins, il y a Guillaume de Saſſenage & ce Pierre de la Baume nommez *Sodales*. Le titre eſt parmy ceux de cette Abbaye. L'alliance de Pierre fuſt avec Marguerite de Repellin d'une famille même de Saſſenage. Ie le juſtifieray par un titre que j'enonceray dans le degré ſuivant. Il en eut pour enfans ſelon le même titre,

Repellin

1. Guillaume.
2. Hugues qui a continué.
3. Aymar.
4. Aujarde femme de Noble Lantelme de Varces.

Varces.

HUGUES de la **BAUME**

IV. Degré   *II. du Nom.*

Marguerite de Repellin ſe diſant veuve de Pierre de la Baume, & mere des enfans que je viens de nommer, reconnut en faveur de Guigues II. Baron de Saſſenage quelques rentes qu'elle avoit dans la Parroiſſe de Meaudres en

Y

la même Baronnie par un acte du penult. des Ides de May
1181. Guillaume de Rancurel fust le Notaire qui le reçut;
& je l'ay veu parmy les papiers de la Maison de Saſſenage.
Recognovit nomine filiorum ſuorum Guillermi, Hugonis, Aymari,
& Aujardæ feudum quod habet in Parochia Meaudri dictum de
Follis quondam recognitum à Petro de Balma cujus eſt relicta.

Avalon. Hugues ſon fils fuſt marié avec Jeannete d'Avalon, fille
de Jean d'Avalon. Elle fonda un Anniverſaire dans le Monaſtere de Domene, ſon mary eſtant encore vivant, tant
Granges. pour ſon pere que pour Helix de Granges ſa mere; qui ſe
trouve dans un vieux Breviaire de ce Monaſtere, où l'on
lit, *Anniverſarium die octava menſis julij per Dominam Joanne-*
tam de Avalone pro anima patris Ioannis de Avalone & matris
Eliſiæ de Grangiis, approbavit Hugo de Balma, & laudaverunt
filij eorum Nantelmus Guillelmus & Berlio de Balma.

Il y a apparence que Saint Hugues Evêque de Lincolne
en Angleterre eſtoit frere de Jeanne d'Avalon; car environ
ce temps-cy, c'eſt-à-dire l'an 1200. Il viſita Guillaume &
Pierre d'Avalon ſes freres dans le Chaſtean d'Avalon qui
eſt ſitué à trois lieües de Grenoble dans la vallée de Graiſivodan.

Par l'Anniverſaire dont je viens de parler il conſte que
de cette alliance provinrent pour enfans à Hugues.

1. Lantelme.
2. Guillaume aura ſon chapitre.
3. Berlion.

GUILLAUME *de la* BAUME
premier du Nom.

V. Degré

Vivoit environ l'an 1200. je n'ay pas d'autres preuves
de ſon exiſtence que l'Anniverſaire de ſa mere. Il fut
pere de

GUILLAUME *de la* BAUME
VI. Degré   II. *du Nom.*

Un autre Chartulaire de l'Evêché de Grenoble parle
que Soffrey Evêque, & Aimeric de Briançon, transige-
rent le 2. des Nones de Mars 1227. par l'authorité de Jean
Dauphin, sur l'opposition d'Aimeric faite contre l'Evêque
qui faisoit bastir un Chasteau ou Maison forte au lieu de
la Plaine, entre la Ville de Grenoble & le Village de Gie-
re, & qu'il y eut pour témoins Rodolphe Dugaz, Disdier
de Sassenage, Humbert de Saint Pierre, Albert de Bocsozel, Aynard de Bardonneche, nostre Guillaume de la
Baume & plusieurs autres. Ce Guillaume estoit consideré
dans la Cour du Dauphin André, & ce Prince voulut bien
le donner pour caution sur l'execution d'un traité qu'il
avoit fait cette même année 1227 avec Alix de Vergy sa
Belle-sœur Duchesse de Bourgogne, les autres pleges ou
cautions furent Artaud de Rossillon, Aymard de Sassenage,
Obert Marechal du Dauphin, Guy Alleman, & Guy de
Bocsozel; tous Seigneurs de la faveur de ce Prince, & des
plus anciennes familles de Dauphiné.

La femme de Guillaume eut nom Veronique de Beren- *Berenger*
ger, fille de Pierre de Berenger Seigneur de Prebois. Il en eut
   1 Loüis mentionné cy-aprés.
   2 Aymard qui fust heritier d'Aujarde de Sassenage,
fille de Guigues III. Seigneur de Sassenage, & de Beatrix
de Berenger; par son testament de l'an 1261. où elle le
qualifie son parent. Il l'estoit en effet à cause de l'alliance
des Berengers de part & d'autre.

LOUYS *de la* BAUME
VII. Degré   *premier du Nom.*

Il vivoit l'an 1250. & suivit le Roy Saint Loüis dans la

guerre qu'il fit contre les Infidelles.

GUILLAUME *de la* BAUME
III. *du Nom, Chevalier.*

VIII. Degré.

Parmy ceux qui se reconnurent feudataires de Guigues Dauphin XII. du nom, Comte de Graisivodan, aux années 1260. 1262. & 1266. Ce Guillaume se trouve nommé comme heritier de Loüis son pere. Beatrix Dauphine se servit de luy en plusieurs occasions, & sur tout pour divers demeslez qu'elle eut avec l'Archevêque de Vienne, & le Comte de Valentinois. Il fut du nombre de ceux qui suivirent Guillaume de Rossillon qui mena du secours en Orient l'an 1265. son alliance ne m'est pas connuë. Il eut pour fils.

GUILLAUME *de la* BAUME
Demoiseau IV. Nom.

IX. Degré

J'ay veu un hommage rendu le 8. de Novembre 1311 à l'Evêque de Grenoble par Noble Jacques Cono fils d'Albert, où ce Guillaume fut témoin, & dans l'acte il est qualifié Demoiseau ; titre qui se donnoit particulierement aux fils de Chevaliers. Il suivit le Dauphin à Paris l'an 1292. comme estant l'un de ses favoris, & en cette qualité il fut envoyé aux Roys de France & d'Angleterre, pour les remercier de sa part de ce qu'ils avoient demandé son amitié. Chacun sçait qu'elle estoit alors la hayne de ces deux Monarques l'un contre l'autre. Le Dauphin se rendit pourtant vassal du premier. Il fust pere de

1. Pierre qui avoit une Maison forte au mandement de Saffenage, dont il fit hommage au Dauphin Humbert second le 7. de Janvier 1334. Ce Dauphin l'avoit en beaucoup d'estime & l'employa pour estre l'un des mediateurs de son accord avec Hugues de Chalon, Seigneur d'Arlay; contre lequel il avoit pris les armes. Cette paix se fit en-

viron le même temps, & les autres mediateurs furent Ro-
dolphe Seigneur de Neufchastel , Ricard Seigneur de
Chastillon, Girard Seigneur de Pontuerre, & Humbert de
Vaux.

2. Guelix aura son chapitre.

3. Humbert Chevalier de l'Ordre de Saint Jean de
Hyerusalem Commandeur de la Commanderie de Saint
Paul dans le Viennois & Chanoine de Saint Paul de Lyon.
Le 23 de Mars 1330. Isabelle de France femme de Guigues Dauphin XIII. du nom, luy passa certaine procuration, où elle le nomme Conseiller de son mary. Il presta
hommage au même Dauphin le 25. de Juin 1332. où il
se qualifie fils de Guillaume & Chanoine de Saint Paul de
Lyon. Samuel Guichenon le fait mal à propos fils de Jean
de la Baume Seigneur de la Baume Sus-Cerdon , puisque
par cét hommage il conste qu'il estoit fils d'un Guillaume
& non pas d'un Jean. L'acte de l'hommage est dans la
Chambre des Comptes de Dauphiné, au Registre de
Humbert Pilati des années 1331. 1332. & 1333. que je
cite volontiers afin que l'on ne me reproche point d'avoir
contrarié sans titre Guichenon en son Histoire de Bresse
& de Bugey,& en la Genealogie de la Baume. Lorsque le
Dauphin crea un Conseil au lieu de Saint Marcellin le 22
de Fevrier 1332. parmy les sept Officiers dont il le com-
posa,ce Humbert en fust un.

4. Françoise fust femme de Noble Thomas de Murinais. *Murinais*

GUELIX de la BAUME
Chevalier.

X. Degré.

Un Registre de la même Chambre des Comptes de
l'an 1339. parlant des Nobles qui habitoient dans le Graisivodan, met celuy-cy dans la Baronnie de Sassenage, &
dit qu'il y avoit *unum Fortalitium*, c'est-à-dire une Maison
forte. Il fust present en un accord que fit Jean Evêque de

Grenoble, avec Guigues de Ruins Sacriſtain de l'Egliſe
Cathedrale de Noſtre-Dame de la même Ville le 2. de
Juillet 1340. Il fut nommé pour Arbitre d'un different
qui eſtoit entre Odobert Seigneur de Chaſteau-neuf, au
nom de Henry de Villars Archevêque de Lyon Gouver-
neur de Dauphiné , & Aynard de la Tour Seigneur de
Vinay , par acte de compromis du dernier d'Avril 1342.
Les autres Arbitres furent les Seigneurs de Maubec & de
Monchenu , & Aynard de Belle-combe Chevaliers. La
Coſſonay femme de Guelix de la Baume fuſt Caterine de Coſſonay,
comme je feray voir au degré ſuivant. Il en eut

 1. Aymon qui a continué.

 2. Arnoux Doyen de l'Egliſe Cathedrale de Grenoble ,
l'an 1343.

Leutzon 3 Dauphine mariée à Noble Lantelme Leutzon , en
preſence du Dauphin Humbert II. qui conſtitua une partie de la dot, ainſi qu'il ſe juſtifie par la quittance qui luy
en fut paſſée le 1. de Mars 1340. Cette famille de Leutzon n'eſt plus & tenoit un rang honorable dans cette Province.

 4. Françoiſe Religieuſe à Premol de l'Ordre des Chartreux.

AYMON *de la* BAUME
Chevalier premier du Nom.

XI. Degré

Dans un hommage que rendit au Dauphin Charles de
France, Eſtienne d'Arvilars Chevalier le 28. de Janvier
1352. pour des biens qu'il avoit acquis de Caterine de
Coſſonay veuve de Guelix de la Baume & mere & tutrice
d'Aymonet de la Baume; ſe trouvent les preuves du degré
precedent & de celuy-cy. Cét Aymon fuſt preſent dans
un compromis fait le 29. de Janvier 1363. entre Françoiſe Bertrand & Jean Bertrand Chevalier ; & dans un hommage rendu le 16. de Mars 1364. au Dauphin par Iacques de Bocſozel , où la qualité de Chevalier luy eſt don-

née. Elle eſtoit alors une marque de la valeur ou du merite de celuy qui la portoit , & Aymon l'avoit acquiſe par pluſieurs exploits ſignalez qu'il avoit faits contre les Anglois, & particulierement aux ſieges de Limoges , de Cahors, Sarlat, Bergerac, & la Rochelle, commandant en celuy-cy une Compagnie à cheval. Ie n'ay pû apprendre ſon alliance. Il eut pour enfans.

1. Aymon qui ſuit.

2. Loüis fut pere d'Amon de la Baume, & de Falconne femme de Noble Leutzon de Lemps. Ces deux enfans *Lemps.* vendirent quelques fonds à Noble Iean le Gendre Conſeiller Delphinal, deſquels Noble Iean le Gendre ſon neveu preſta hommage au Dauphin le 11. de Iuillet 1427. où il eſt fait mention de ceux qui les avoient vendus à ſon oncle. Cét Aymon demeuroit à Lalbenc dit l'acte; c'eſt un Bourg auprés de Saint Marcellin dont la terminaiſon n'eſt gueres differente d'Arbenc , c'eſt la raiſon pour laquelle le Pere Colomby de la Compagnie de Iesus, *in ſua Blanca Landana* aux Evêque de Viviers les a confondus l'un avec l'autre.

AYMON *de* la **BAUME**
Chevalier II. du Nom.

XII. Degré

Le 19. d'Aouſt 1367. il paſſa quitance à Odobert Seigneur de Murinais de la reſtitution de la dot de Françoiſe de la Baume ſa tante qui avoit eſté mariée à Noble Thomas de Murinais. Ie n'ay pas ſceu ſon alliance. Il fut pere de

1. Iean.

2. Loüis qui ſuit.

3. Aymon qui fuſt l'un de trois cent Gentilshommes de Dauphiné qui moururent à la bataille de Verneüil 1424.

4 Pierre qui fuſt Gouverneur pour le Dauphin de la contrée de Trieves, & Conſeiller au Conſeil Delphinal.

XIII. Degré

LOUYS *de la* BAUME
*II. du Nom, Seigneur de
Suze-la Rouffe, d'Eyrieu, de
Rochegude & de la Baumete.*

Pour juftifier que celuy-cy , & Iean fon frere eftoient
fils d'Aymon ; il y a une reconnoiffance du 12. de Ianvier 1421. par eux paffée en faveur de Henry de Saffenage , Chevalier Baron de Saffenage ; où ils fe nomment
fils de Noble Aymon de la Baume alors decedé.

Ce Loüis a efté le premier qui a forty fa famille de Saffenage , qui l'a preparée à recevoir ce grand éclat avec
lequel elle a dépuis paruë. La fortune commença de luy
tendre les bras, & non contente de l'avoir fait naiftre d'u-
ne ancienne famille ; elle voulut encore luy eftre favora-
ble par les biens & les alliances , & s'eft dépuis renduë
infeparable de fes fucceffeurs. Il eft vray que le merite a
efté de la partie, & toutes les vertus s'eftant renduës hereditaires en tous ceux qui ont parus aprés luy , & qui font
nais de fon fang ; elles y ont pris de fi profondes racines
que dépuis plus de deux fiecles on a raifon de dire que
tous ceux de cette famille ne font pas moins vertueux qu'-
ils font illuftres par leur naiffance & par leurs dignitez.
On le connoiftra mieux par la fuite de cette Genealogie.
Loüis accompagna le Baron de Saffenage lors qu'il commenda l'Arriereban de Dauphiné en qualité de Gouverneur de cette Province. Ce Chef y fut tué l'an 1424. à
la bataille de Verneüil & trois cent Gentilshommes de
Dauphiné y perdirent la vie. Saffenage en mourant fit
Loüis de la Baume dépofitaire de fes dernieres volontez.
Il les rapporta à Antoinette de Saluces fa femme qu'il vi-
fita fouvent, & eut le fecret de s'en faire aimer ; comme
c'eftoit un homme de bonne mine, de grande naiffance &
de beaucoup d'efprit, il fit d'abord tout l'empreffement de
la Baronne

la Baronne, qui pour satisfaire son amour & sa vertu l'espousa l'an 1426. & par cette alliance elle donna à ce nouveau mary celle de plusieurs testes couronnées de l'Europe.

Elle estoit fille de Hugues de Saluces Seigneur de Piasco & Baron de Montjay, & de Marguerite des Baux. Cet Hugues estoit quatriéme fils de Frederic II. Marquis de Saluces, & de Beatrix de Geneve. Son ayeule estoit Richarde fille de Galeas Vicomte de Milan, sa bisayeule, Marguerite de Viennois fille du Dauphin; & sa trisayeule, Beatrix fille du Roy de Naples. Par de si Illustres maisons il n'en est point sur tous les Trones de l'Europe ausqu'elles elle ne fût alliée; car Marguerite de Viennois estoit descenduë des Ducs de Bourgogne, de Guienne & de Champagne. Les Ducs de Bourgogne l'estoient de Robert Roy de France, & avoient donné des filles aux Roys de Castille, de Leon, & de Sicille. Par l'alliance de Castille la maison de la Baume se trouve alliée aux Roys de Navarre, de Portugal & d'Angleterre; à plusieurs illustres Races d'Italie, comme Sforce, Este, Urbin, Colomne, Borgia, Palealogue, Tarente, Medicis & Ferrare. Et d'Espagne comme Gusman, Pacheco, Portocarrera, Mendoce, Marsano, Royas, Ribera, Beaumont, Velasque, Cardonne, Luna, Primentel, Osorio, Ponce-de-Leon, Manrique, Vasquez, Zuniga & Auila. Antoinette de Saluces avoit pour frere Bertrand de Saluces Seigneur d'Anton, de Suze-la Rousse, d'Eyrieu & de Rochegude, qui mourut sans posterité après avoir fait son testament le 29 d'Aoust 1421. par lequel il legua à sa sœur le chasteau d'Eyrieu, & fit heritier Loüis Marquis de Saluces. Loüis de la Baume eut de cette femme.

1. Bertrand dont je parleray.
2. Louyse, Epouse d'Estienne Seigneur de Montdragon & de Saint-Romain, Chevalier.
3. Jeanne femme d'Antoine Geoffroy Seigneur de

[marginal notes: Saluces. des Baux. Geneve. Montdragon. Geoffrey.]

Z

BERTRAND *de la* BAUME

XIV. Degré. *Chevalier Seigneur de Rochegu-*
de, de Suze-la-Rousse, d'Eyrieu,
de Plaisian & de Ville-Franche.

La terre d'Eyrieu luy appartint par le testament de
Bertrand son oncle, & les autres qui avoient appartenu
à la Maison de sa mere vinrent à la sienne par ses soins.
C'estoit un homme de grand jugement & d'une excellen-
te conduite. Il fit quelque temps la guerre & se signala
souvent contre les Anglois & les Flamants, où il commenda une Compagnie de Lanciers. J'ay trouvé parmy les
Registres de la Chambre des Comptes de cette Province,
qu'il presta hommage de la terre d'Eyrieu au Dauphin
Louys le 17. de Fevrier 1451. son alliance par mariage fut
avec Françoise de Fay, fille d'Anthoine de Fay, Seigneur

Fay.
Grolée.

de Saint Jean d'Ambournay, & d'Anne de Grolée. Il testa
le 8. de Juin 1484. & nomme pour ses enfans,

1. Pierre qui suit.

2. Charles Evêque d'Orange, oublié par les freres de
Sainte Marthe dans leur *Gallia purpurata*, qu'ils ont pourtant mis dans la Genealogie de cette maison, qu'ils donnent depuis Loüis jusques à Jacques-Honorat, à cause
de la Saluces, dans leur Histoire de la Maison de France,
tome 2. livre 25. page 634.

3. Jean Seigneur de Plaisian & de Ville-Franche,
Prieur de Rochegude l'an 1511.

4. Louys Abbé de Mazan, Prevost de l'Eglise Cathedrale de Veyson Protonotaire du Saint Siege, employé
par le Pape en diverses occasions.

5. Isabeau.

Gruel.

6. Jeanne femme de Gabriel de Gruel Seigneur de Vil-
lebois & de Laborel, & en secondes nopces du sieur de la

la Plasse.

Plasse.

7. Philipinne alliée à Jacques de Montagu Seigneur de ^{Montagu}
Vic, de Fontaines, & de Cannes en Languedoc, Conſei-
gneur de Montdragon, de Rochegude, de la Garde-Pa-
riol & de la Motte, lequel teſta le 14. de Fevrier 1539. en
faveur de ſa femme.

PIERRE *de la* BAUME,
*III. Nom, Seigneur de Suze-
la-Rouſſe, d'Eyrieu, de Plaiſian, & de Vaſſieu.*

XV. Degré

Françoiſe Alouys, fille de Louïs Alouys, Seigneur de ^{Alouys.}
Vaſſieu, fut ſa femme. Il en eut,

1. Guillaume dont je feray mention au degré ſuivant.

2. Roſtaing Abbé de Mazan, puis Evêque d'Orange le
18. de Juin 1543. Il mourut le 24. de Juillet de l'année
1555.

3. Iean Seigneur de Plaiſian & de Ville-Franche; ma-
rié avec Jeanne de Joannas, Dame de Montfaucon & de ^{Ioannas.}
Veſenobres, qui luy procrea Françoiſe de la Baume, Epouſe d'Antoine de Fay Baron de Peyraut. ^{Fay.}

4. Claire mariée à Charles de Gramont, Seigneur de ^{Gramont}
Vacheres.

5. Philipinne contracta mariage avec........deGraſſe ^{Graſſe.}
Seigneur de Cabris en Provence.

6. Caterine, fut premierement Religieuſe à Montfleury, aupres de Grenoble de l'Ordre de Saint Dominique,
puis Abbeſſe de Noſtre-Dame des Plans, aupres de Montdragon en Provence.

GUILLAUME *de la* BAUME,
*VI. du Nom: Seigneur de Suze-la-
Rouſſe, d'Eyrieu, de Plaiſian, de Vaſſieu, & de Ville-Franche, Conſeigneur de Rochegude, de Montdragon & de la Roche-Pariol.*

XVI. Degré.

Z ij

Contracta mariage le 19. de Septembre 1524. avec Caterine de Lers d'Alberon, fille de Jacques de Lers d'Alberon, Chevalier Seigneur de Lers, de Montfrin, & de Rochefort, & de Marguerite de Clermont d'Amboise, sœur de Louys de Clermont Cardinal d'Amboise Legat d'Avignon. Pierre de la Baume intervint au contract, & donna tous ses biens à Guillaume son fils. Celuy-cy ne se maria qu'apres avoir fait plusieurs campagnes, & parû avec honneur dans les guerres d'Italie. Il testa le 23 de Juillet 1550 & dans son testament la qualité de Puissant Seigneur luy est donnée. Il laissa pour enfans,

Lers-
d'Alberõ

Clermõt
d'Amboi
se.

1. François qui suit.

2. Marguerite eut deux marys, le premier fust Aymar d'Ancesune Seigneur de Vinay, & de Bisonnes ; l'autre fut Annet de Maugiron Seigneur de Leissins.

Ancesu-
ne.
Maugirõ
Vrre.

3. Antoinette femme de Louys d'Urre Seigneur du Puy Saint Martin.

FRANCOIS de la **BAUME,**
Comte de Suze, Baron de Lers,
Seigneur de Plaisian, de Ville-Franche, de Rochefort, de Montfrin,
de Montredon, & de Rochegude,
Chevalier des Ordres du Roy, Con-
seiller en son Conseil Privé, Capi-
taine de 50. hommes d'armes de
ses Ordonnances, Admiral des Mers
du Levant, Gouverneur pour le Roy
de la Provence, & pour le Pape
d'Avignon, & du Comtat Veneissin.

XVII. Degré

Le titre de ce degré fait l'eloge de ce Heros, mais plusieurs Historiens le font encore mieux. Il n'en est point de François qui ayent décrit les guerres civiles de la Religion qui n'ayent parlé de luy avec avantage. Davila qui est

estranger en fait mention, avec des termes d'honneur &
de gloire. Je pourrois icy rapporter mille exploits signalez
qu'il a faits, mille combats où il s'est trouvé, mille défaites
des Protestants qui n'estoient deuës qu'à son bras, plusieurs marques de valleur, diverses occasions de triomphe,
& un nombre infini d'emplois considerables qu'il a eus,
si je n'en avois fait mention dans les vies des Hommes Illustres de cette Province dont celuy-cy en est un. Ie me
contenteray de dire qu'il commanda souvent les armées
du Roy, qu'il abbatit l'orgueil des Protestans aux batailles
de Cederon aux montagnes de Dauphiné, & de Saint
Gilles en Languedoc; que le Baron des Adrets avec sa fortune, & le brave Montbrun avec son adresse, furent souvent obligez de luy ceder. Qu'il fut fait Chevalier de l'Ordre du Saint Esprit par Henry III. l'an 1572. qu'il eut le
brevet de Gouverneur de Provence, & de grand Admiral
des Mers du Levant le 3. de Juin 1578. qu'il épousa Françoise de Levy, fille de Gilbert de Levy, Chevalier Com- *Levis.*
te de Ventadour, Seigneur & Baron de la Voute, & de
Vauvert, & de Susanne de Layre-Cornillon, par contract *Layre-*
de mariage du 14. de Juin 1551. qu'il testa le 20. de May *Cornillõ*
1580 & qu'il mourut l'an 1587. des blessures qu'il avoit
receuës en défendant la Ville de Monteillimart. Il fit eri-
ger sa terre de Suze en Comté, par lettres patantes du
mois de Decembre 1572. Il eut une grande posterité

1. Ferdinand-Rostaing, mourut au siege d'Yssoire l'an
1577. pendant la vie de son pere.

2. Rostaing aura son chapitre.

3. Antoine a fait branche.

4. George a aussi fait branche.

5. Loüise eut pour mary Antoine Baron de Saffenage. *Saffena-*

6. Caterine femme de Claude Alleman Baron d'Uriage *ge.* *Alleman*

7. Marguerite, Epouse de Pompée de Pontevez, Sei- *Ponte-*
gneur de Buous. *vez.*

8 Charlote, mariée à .... du Roure, Seigneur de S. Brest *Roure.*

Castillon 9. Françoise contracta mariage avec .... de Castillon, Seigneur de Vauclose & de Villeneuve en Provence.

ROSTAING *de la* BAUME,
Comte de Suze & de Rochefort,
XVIII. *Degré*   *Seigneur de Montfrin &c. Marechal de Camp aux armées du Roy, Baillif des Montagnes de Dauphiné*

Commença jeune à porter les armes, & son pere le fit combattre avec luy en plusieurs occasions ; il fut fait prisonnier à Monteillimart lors que son pere fut blessé mortellement ; & il luy cousta dix mille escus de rançon : Il continua de servir en faveur des Catholiques, mais Henry III. estant mort & le Grand Henry monté sur le Trône, il s'atacha à ses interests & suivit Lesdiguieres en toutes les rencontres où le zelle pour le service du Roy le pouvoit attirer. Il se trouva aux sieges de Gap & de Tallart, & de plusieurs places dans le Viennois & dans le Graisivodan. Il combattit en Provence & trouva par tout dans cette Province des marques certaines de plusieurs exploits signalez que son pere y avoit faits, ce qui sembloit l'émouvoir à suivre son exemple à quoy il estoit déja naturellement preparé ; car il avoit un grand courage & beaucoup de valleur : ce qui luy fit donner la charge de Marechal de Camp aprés avoir eu d'autres emplois militaires commandé plusieurs fois des troupes & eu des Regiments. Il contracta *des Prez* mariage le 23. d'Octobre 1583. avec Madelaine des Prés de Montpesat, fille de Melchiol des Prez Chevalier, Seigneur de Montpesat Marechal de France, & de Henriete *Savoye.* de Savoye. Cette alliance fut l'une des plus illustres de France, car sa femme estoit sœur uterine de Henry de *Nevers.* Lorraine Duc de Mayenne, de la Duchesse de Nevers & de *Sforce.* la Marechale Sforce & sœur germaine des Marquis de Montpesat & de Villars, des Comtesses de Carces & de Tavanes.

Elle fut tante de Marie de Clevès de Mantouë Reyne de
Pologne, & d'Anne de Cleves mariée au fils du Roy de *Cleves.*
Boheme, Comte Palatin du Rhin, & en feconde nopces *Palatin.*
au Duc de Mantouë. Il s'allia par là à la Maifon de Savoye,
à celles de Foix, de Luxembourg, de Montmorancy, de *Mantouë*
Joyeufe, de Lorraine, de Cleves, de Mantouë, du Palatin, de Sforce, de Lafcaris, d'Urfé, de Clermont- d'Am-
boife, de Saluces, d'Anglure, de Montpefat, d'Albret, de
Bretagne, de Melun, de Sufforck, & autres des plus con-
fiderables de l'Europe. Il eut une autre femme dont l'alliance fut encore glorieufe. Elle fe nommoit Caterine de
Grolée-Meuillon, fille d'Aymard-François de Grolée- *Grolée-*
Meuillon, Marquis de Breffieu, & de Marguerite de *Meüillon.*
Gafte. Elle eftoit niece à la maniere de Bretagne du Vi- *Gafte.*
comte de Joyeufe Admiral des Mers Duc & Pair de *Ioyeufe.*
France, & de François de Lorraine Cardinal de Guife.
Le Comte de la Baume, le Marquis de Breffieu & l'Evêque de Tarbe freres, font par là parents du 4. au 5. degré,
à Mademoifelle de Montpenfier, à Mademoifelle de Guife, & au Prince d'Harcourt. C'eft ce qui fe collige de la
defcendance qui fuit.

Guillaume Vicomte de Ioyeuse.	Henry Vicomte de Ioyeuse.	Henriete-Caterine de Ioyeuse, femme d'Henry de Bourbon Duc de Montpensier, puis de Charles de Lorraine Duc de Guise.	Marie de Bourbon Duchesse de Montpensier, femme de Gaston-Iean-Baptiste de France, Duc d'Orleans.	Anne-Marie-Louïse d'Orleans, Duchesse de Montpensier.
			Marie de Lorraine, dite Mademoiselle de Guise, heritiere de la maison de Guise.	

Iean Vicomte de Ioyeuse. Françoise de Voisins.

Françoise de Ioyeuse, femme d'Antoine de Gaste de Lupé.	Marguerite de Gaste de Lupé, femme d'Aymar-François de Grolée-meuillon, Marquis de Bresieu.	Caterine de Grolée-meüillon, femme de Rostaing de la Baume Comte de Suse.	Anne de la Baume Comte de Suse.	Loüis-François. Ioachim-Gaspard. Anne-Tristan de la Baume de Suse freres, Comte de la Baume, Marquis de Bresieu, Evêque de Tarbe.

Caterine de Ioyeuse, femme d'Enemond de Brancas Baron de Villars.	George de Brancas, Duc de Villars.	Charles, Comte de Brancas.	Françoise de Brancas, femme d'Alphonse de Lorraine, Prince d'Harcourt.

Rostaing testa le 7. de Novembre 1618. Voicy ses enfans.

Du premier lict.

1. Iaques Honorat Comte de Suse, Marquis de Villars, heritier de Philibert-Emanuël des Prez, dit de Savoye,

voye Marquis de Villars son oncle. Eut pour femme Fran- *Porcelets*
çoise Apronne de Porcelets de Maillane, fille du Seigneur
de Maillane, & de........ de Cernay du Puys de Lorrai- *Cernay.*
ne. Il fust pere de Bernard de la Baume Comte de Suze,
Marquis de Villars, qui n'a pas laissé de posterité.

2. Marguerite femme de Henry de Beaumanoir Mar- *Beauma*
quis de Lavardin, fils du Marechal de France. *noir.*

Du second lict.

3. Anne a continué.

4. Loüis-François Evêque, & Comte de Viviers, Prince de Donzere & de Chasteau-neuf du Rône, Baron d'Ar-
gentiere Seigneur de Saint Andeol, Abbé de Mazan &
d'Orbistier dans le Poitou & Prevost de Nismes, fust fait
Evêque le 14 de May 1618. & en prit possession le 6. d'A-
vril 1621. A presidé souvent aux Estats de Languedoc &
en l'assemblée du Clergé de France.

5. François Chevalier de l'Ordre de Saint Jean de Hyerusalem, fust tué au secours de Leucate d'une mousqueta-
de à la cuisse commendant le Regiment de Languedoc.

6. Charles mourut jeune.

7. Françoise Epouse de Just-François de Fay Baron de *Fay.*
Gerlande.

8. Marie femme de Joachim de Montagu, Marquis de *Montagu*
Bufols & Vicomte de Bones.

9. Madelaine Religieuse au Monastere de Sainte Colombe aupres de Vienne de l'Ordre de Saint Benoist.

10. Charlote mariée à .... Seigneur de la Garde
Marquis de Chambonas.

11. Anne-Henriete.

12. Jeanne mariée l'an 1647. avec Jean-Pierre de Fo- *Fogasses*
gasses, Marquis de la Barthalasse, Seigneur de Taillades
& de Beaulieu.

A a

XIX. *Degré*

ANNE *de la* BAUME,
*Comte de Rochefort & de
Suze , Seigneur de Saint Iul-
lien & de Lupé.*

Le 8. de Mars 1631. Il a fait alliance par mariage avec
Caterine de la Croix de Chevrieres, fille de Felix de la Croix
2. du nom, Comte de Saint Vallier, Marquis d'Ornacieu,
&c. Et de Claudine de Chiffé : Il a testé le 2. d'Aoust 1632
Il a pourtant vescu plusieurs années aprés & a predecedé
sa femme laquelle est morte en 1676. Elle a remis par ses
soins & par sa conduite les biens dans la famille de ses enfans qui en avoient esté alienez & dissipez par une doüai-
riere. Voicy ses enfans.

*le Croix-
Chevrie
res.
Chiffé.*

1. Louys-François qui suit.

Joachim-Gaspard , dit le Chevalier de Suze , sur-
nommé l'Affriquain, pour avoir fait trois voyages en Af-
frique dans les armées du Roy. Il s'est signalé en Candie,
& ailleurs : Il est aujourd'huy Marquis de Bressieu.

3. Anne-Tristan Docteur de Sorbonne Evêque de Tarbes, Prelat d'excellent merite , qui doit à ce seul merite,
à sa vertu , & à son sçavoir cette éminente dignité.

4. Marguerite Religieuse à Sainte Colombe de Vienne.

XX. *Degré*

LOUYS-FRANCOIS *de la* BAUME,
*Comte de Suze & de Rochefort &c. Bail-
lif des Montagnes de Dauphiné , Capitaine de Chevaux Legers au Regiment
Mazarin.*

Il a servy plusieurs campagnes : Il fut fait prisonnier au
siege de Valanciennes. La paix generale le fit retirer à sa
maison. Il s'est marié avec Paule-Hypolite de Monstiers,
fille de François de Monstiers, Comte de Merinville, Che-

*Mons-
tiers.*

valier des Ordres du Roy, Lieutenant pour ſa Majeſté au
Gouvernement de Provence, Gouverneur d'Avignon &
du Comtat-Veneiſſin, Lieutenant General aux armées du
Roy, Gouverneur de Roſe : Et de Ieanne de la Iugée he- *la Iugée*
ritiere de la maiſon de Rieux en Languedoc.

LA BAVME DE BAVLMES.

II. BRANCHE.

XVII. Degré.

ANTOINE *de la* BAUME,
Seigneur & Baron de Baulmes,
Meſtre de Camp d'un Regiment en-
tretenu pour le ſervice du Roy,
Gouverneur de Chany en Picardie.

Fils puiſnay de François de la Baume Comte de Suze,
& de Françoiſe de Levy. Prit pour femme le 18. de Iuin
1618. Marie de Lhere de Guiffrey de Glandage, Dame *Lhere-*
de Glandage, fille de Hugues de Lhere de Guiffrey Sei- *Glanda-*
gneur de Glandage & de Claire de Tholon. Il en a laiſſé *ge.*
cinq enfans. *Tholon.*

    1. Charles dont je parleray.

    2. George mourut jeune.

    3. Marguerite deceda de même.

    4. Caterine eut pour mary en premieres noces Iaques
de Montany de la Tour, Baron de Vinay & de Montany ; *Montany*
& en ſecondes François de Chaſteauneuf, Comte Doing, *Chaſteau*
Baron de Rochebonne, par contract de mariage du 22. de *neuf.*
Iuillet 1639.

    5. Françoiſe a épouſé Louys Eſcalin Ademar, Marquis *Eſcalin.*
de la Garde.

CHARLES *de la* BAUME,
de Suze Baron de Baulmes-de-
XVIII. Degré   *Trancy, & de Glandage, de Luc,*
& de Montlaur, Seigneur & Abbé
Commendataire de Mazan.

L'eſtat Eccleſiaſtique a eſté le choix de celuy-cy tellement que cette branche finit en luy.

LA BAVME D'APTS.
III. BRANCHE.

GEORGE *de la* BAUME
de Suze, Baron d'Apts, Seigneur
XVII. Degré.   *de Pleiſian & de Villeneuve,*
Capitaine de 50. hommes d'ar-
mes des Ordonnances du Roy.

Autre fils de François de la Baume, Comte de Suze, & de Françoiſe de Levy. Epouſa le 26. de Decembre 1595
Maugirō Ieanne de Maugiron, fille de Laurent de Maugiron, Chevalier des Ordres du Roy, Lieutenant General au Gouver-
Maugirō nement de Dauphiné, & de Ieanne de Maugiron de la Tyveliere. Il en eut pour enfans.

 1. Timoleon qui ſuit.

 2. Anne, Seigneur de Meyrieu & des Maiſons Fortes, de Beauvoir & de Moidieu.

 3. .... femme de Charles de Bourbon.

TIMOLEON *de la* BAVME
XVIII. Degré *de Suze, Seigneur de Pleiſian & de*
Villefranche, Comte d'Apts.

A contracté mariage le 10. d'Aouſt 1633. avec Caterine
Polignac de Polignac, fille de Chriſtophle de Polignac, Baron de
Seneterre Chalencon, & de Diane de Seneterre. Il eſt mort, & ſa femme eſt encore vivante; ils eurent un fils decedé à Paris eſtant à l'Academie, tellement que cette troiſiéme Branche eſt auſſi éteinte.

BEAUMONT.

De Gueules à une Fasce d'Argent chargée de trois fleurs de Lys d'Azur. La Branche d'Autichamp brise d'une Couronne Royalle d'Or en chef.

ALLIANCES.

ALBON.

ALINGES.

ALLEMAN.

AMBEL.

ARCES.

ARTOUD.

AVALON.

AYNARD.

BECTOZ.

BELLECOMBE.

BERNIERES.

BOCSOZEL.

BOMPARD.

BOULIERS.

BRESSAC.

BUFFEVANT.

CAVALHON.

CHABERT.

CHABRILLAN.

CHAILLOL.

CHASTEAUNEUF.

CHISSE'.

CORDON.

CORNILLAN.

COSTAING.

DIGOINE.

DISIMIEU.

DUYN.

FAY.

FERRAND-TESTE.

FLORENCE.

La GARDE.

GARNIER.

GENEVE.

GENOST.

GENTON.

GROLE'E.

GUIFFREY.

GUILLERME.

GUMIN.

IONY.

JOUFFREY.

Des ISLES.

LAUBE.

LAUDUN.

MARC.

MEERIE.

MENTHON.

MENZE.

MONTAGNAC.

MONTEILLIEZ.

MONTEUX.

MONFORT.

MOTET.

NERPOL.

POURRET.

POURROY.

RAVIER.

ROCHEFORT.

ROCHEMURE.

ROSTAING.

S. ANDRE'.

S. GERMAIN.

SALIGNON.

SALUCES.

SASSENAGE.

SAUVAIN.

TERRAIL.

La TOUR-SASSENAGE.

VAUX.

VAUSERRE.

VILLARS,

VIL'ETE.

VIRIEU.

URRE.

YSERAN.

ARBRE GENEALOGIQVE.

PREMIERE BRANCHE,

QVI EST CELLE

DE BEAVMONT ET DE MONTFORT.

Imbert 1040.
Beatrix.

Pierre-Imbert. Guy-Imbert. 1080
Vuilla Aynard.

Pierre- Hugues. Guy 1108.

Guillaume 1140.

Soffrey 1163.

Imbert II. 1200.

Guillaume II. 1246

Aymon 1260.　　　Guillaume.　　　Lantelme.

Artaud 1317.
Marguerite de Rochefort.

Amblard 1336.　Artaud　Aimard.　Guigues.　Aubert.　Pierre.　Ambroise.
Beatrix Alleman.　a fait　　　　　　　　　　　　　　　　Aymon
　　　　　　　　branche.　　　　　　　　　　　　　　　d'Arces.

Amblard II. 1359.
Anne de Vaux.

Aymard.　Amblard III. 1403.　　　Alix Religieuse.

Amblard IV. 1438.　Artaud II.　Louys.　Beatrix.　　Antoinette,
Marguerite de　　　Ieanne de　　　　　Hugues　　Religieuse.
Sassenage.　　　　Buffevant.　　　　　d'Arces.

Amblard V. Aymon 1470. Iean Ecclef. Ieanne Religieufe.

Iean 1515.
Madelaine Alleman.

Laurent 1541.
Marguerite Terrail.

Laurent II. 1594.

DEUXIEME BRANCHE,

QUI EST CELLE

DE LA FRETTE.

Artaud 1343.
Polie de Chabrillan.

Imbert 1376.   François
Pernette de Gordon.   a fait branche.

François 1413.   Louys.
Aynarde Guifffrey.

François 1439.   Artaud.

Claude 1474.

TROISIEME BRANCHE,

QUI EST CELLE

DE PELLAFOL,

OÙ DU NOUVEAU AUTICHAM.

François 1358.
Polie de Montcillez.

Imbert 1421.

Imbert II. 1436.   Aynard   Guillaume.   Caterine.
Bruniſſande   a fait branche   Iacques
Cornillan   Guillermin   de Bompard

Louys 1439. André Marie. Louyſe. Françoiſe. Lucque. Antoinette. Polic.
Louyſe de   a fait   Religieuſes.   Iean
Grollée   branche.   Alleman

Iean. Guillaume 1460. 1515.
      Antoinette Alleman.

Guillermin Claude 1516.   Claire.   Ieanne.   Louyſe.
      Ragonde   Philippes Relig.   André de
      d'Vrre.   de Bellecombe   S. André.

Iean 1544. Antoine 1555.   Claude. Olivier.
      Marguerite de Monteux.

Gaſpard 1579.   Madelaine.   Françoiſe.   Antoinette.
Antoinette de Villette.

Louys. Charles. Antoine 1609   Iean-Claude.
            Françoiſe de Florence.   Louyſe Alleman.

François 1644. Charles,   Anne.   Heleine.
Louyſe Olimpe a fait   Paul Pourroy. Iean de Laube.
de Breſlac.   branche.

Charles. François. Ioſeph, Eccleſiaſtique.   & une fille.

QUATRIEME BRANCHE,

QUI EST CELLE

DE MIRIBEL.

Charles 1650.
Louyſe de Roſtaing.
Françoiſe de Iony.

Iean-Claude. Ioſeph. Louyſe-Olimpe

CINQUIEME BRANCHE,

QUI EST CELLE

DE L'ANCIEN AVTICHAMP.

André 1436.
Françoise d'Alinges.

Imbert a eu un fils naturel qui a fait branche.	Guy 1484.	Philippes, Ecclef.	Soffrée Claude de Difimieu.
Imbert 1544. Gilette de Saffenage. Benoite Chabert.		Michelete. Religieuses.	Ifabeau.
Ieanne. Iean Salignon.	Charlote. Iean de Fay.	Anne.	

SIXIEME BRANCHE,

QUI EST CELLE

DES ADRETS.

Aynard 1436.
Aymonete Alleman.

Iacques. Marguer. de la Tour.	Aynard 1490. Marg. Terrail.	Louys. Aymeric Moret. Guelix de Menze.	Gabrielle.	Louyse.	Ieanne.	Claudine. Religieuses.	Françoise. Pierre de Montfort
Reforciat. Guilemette de Chiffé.	George 1530. Ieanne de Guiffrey.	Antoine, a fait branche.	Claude. françois. Eccleſiaſtiques.				
Laurent.	François 1562. Marguerite de Gumin.	Gabrielle. Claude de Guiffrey.					
Gafpard.							
	Claude, sans poſterité.	François. sans poſterité.	Sufanne. . . . . . de Tarvanas Cefar de Vauferre.	Eſter. Antoine de Saffenage.			

SEPTIEME BRANCHE.

QUI EST CELLE

DE BESSET.

Antoine 1552.
Claudine Marc.

Claude 1607.	Ennemond,	Antoine. Rolland.	Anne. Marguerite.
Icanne de	a fait	Ecclefiaftiques.	Religieufes.
Rochemure.	branche.		

Aynard 1630.	Sufanne.	Charlote.
Cecile de la Garde.	Ypolidore de Genton	Nicolas Bectoz.
	Eftienne d'Ambel.	

Marc.	Marie.	Renée.
	Marc de S. Germain.	

HUICTIEME BRANCHE.

QUI EST CELLE

DE SAINT QVENTIN.

Ennemond 1588.
Louyfe Ravier.

Rolland 1606.	Claude.
Icanne Ferrand-tefte.	

Pierre 1613.	Guillaume. François. Sufanne. Marie. Diane. Gabrielle.	Eleonor.
Anne de	Relig. Baltafard	Iean François
Iouffrey.	Pourret.	de la Mecrie.

Guillaume.	Rolland. Louys. Antoine. Iean. Baltefard.	Claude. Dominique.
Françoife de Felicienne.		Ecclefiaftiques.
Bernieres. des Ifles. Pourret.		
Madelaine		
de Genas.		

NEUFIEME BRANCHE.

QUI EST CELLE

DU BASTARD D'AUTICHAMP.

Imbert 1484.

Louys 1538.
Elifabet Arnoux.

Iacques 1550.   Marie.
Benoite Barbeyrache.
Ieanne Valate.

Florent 1597.   Louys. Sufanne. Guillaume.   Caterine.
Ieaûne d'Vrre.

Hercules.   Antoinette.   Benoite.
Guilemette Faure.

Florent II. 1658.
Diane de Digoine.

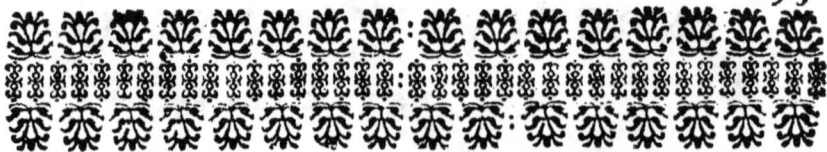

HISTOIRE

ET

PREUVES.

ONSIEUR le Laboureur a dit dans les annotations aux memoires de Michel de Castelnau, en parlant de François de Beaumont, Baron des Adrets, que la maison de Beaumont en Dauphiné estoit esteinte; mais il a crû qu'il n'y avoit que la branche de ce Baron, où possible on luy a donné de faux memoires.

On verra par cette Genealogie qu'il en reste encore six branches, & il y a apparence que tant de masles qui la composent aujourd'huy, laisseront une posterité qui la rendra encore plus estenduë.

Son origine m'est inconnuë: je sçay seulement que Beaumont auprés de la Mure luy a donné son nom dans le temps que les familles s'en sont faits de successifs & d'hereditaires. Pour l'ancienneté nous n'en avons point qui la surpasse en cela, & peu qui l'égale. Pour l'honneur & la gloire, chacun sçait combien le Baron des Adrets en acquit: il est peu de nos Heros passez qui en ayent tant eu, & il n'y en auroit gueres qui pûssent luy disputer cet avantage, si la cruauté n'avoit terny cet éclat. Il y en a eu d'autres de cette famille qui ont esté

C c

vaillans & sages : on le connoîtra par la suite.

I. Degré. IMBERT, *Seigneur de Beaumont.*

Beatrix fut sa femme, & il vivoit environ l'an 1040. Voicy leurs enfans.

1. Pierre-Imbert.
2. Guigues-Imbert a continué.

II. Degré. GUY, ou GUIGUES-IMBERT, *Seigneur de Beaumont.*

Un Chartulaire de l'Evesché de Grenoble à une Chartre de l'an 1068. en ces termes. *Ego Petrus Humberti, & Frater meus Guigo Humbert Donamus Domino, Ecclesiæ &c. totam decimam quam habemus in Parochia de Roags & in Parrochia de Maires, & in Parochia sancti Erigij, pro anima Patris nostri Humberti de Bellomonte, & pro anima Matris nostræ Beatricis.* Ces Paroisses sont du mandement de la Mure.

Aynard. Willa de la famille d'Aynard de Domene, fille de Guy Aynard fut femme de Guigues. Un Chartulaire du Prioré de Domene parle de cette Willa & de son alliance ; elle vivoit environ l'an 1060. Elle eut deux marys, comme j'ay déja dit ailleurs, Armin Martel, & celuy-cy qui fut le dernier, & duquel elle eut pour enfans.

1. Pierre.
2. Hugues.
3. Guy a continué.
4. Humbert fut tesmoin à une donation faite à l'Eglise de Domene par Odon d'Uriage l'an 1100.

III. Degré. GUY, *Seigneur de Beaumont II. du nom.*

Par le mesme Chartulaire j'apprends que cette Willa

eut ces trois fils; car on lict qu'apres que son frere Guillaume eût fait plusieurs dons au mesme Prioré ; le tout fut approuvé par Willa, & ces mesmes enfans. *Laudaverunt autem hoc donum Aynardus , &c. Et Soror Domini Vvillermi, Vvilla & Filij ejus Vvillelmus de martello, Petrus, Hugo & Vvigo de Bellomonte nepotes Domini Vvillelmi. Est autem factum anno Dominicæ Incarnationis* 1106. *indict.* 14 *tempore Domini Hugonis prioris.* J'ay trouvé dans un Chartulaire de Grenoble une autre Chartre de ce Guy 2. ou Guigues, en ces termes, *Ego Guigo de Bellomonte , & uxor mea nomine Matildis & filius meus Guillelmus & alij infantes mei omnes vendimus unam petiam terræ Domino & Ecclesiæ Gratianopol. & Episcopo Hugoni & successoribus ejus & Ecclesiæ sancti Andreæ de Savogia & Heraldo Decano , &c.* la date est à la suite sous l'an 1108.

IV. Degré. GUILLAUME , Seigneur de Beaumont.

Par la Chartre que je viens d'escrire l'existence de celuy-cy est pleinement justifiée. Son pere estant vivant l'année 1108. celuy-cy a pû le survivre au moins de trente ans, suivant le train ordinaire, & ainsi nous pouvons dire que ce Guillaume vivoit encore l'an 1140. Il eut pour fils, sans que je sçache de quelle femme.

V. Degré. SOFFREY, Seigneur de Beaumont.

Homme lige d'Amé 3. Comte de Savoye, qu'il suivit en la Terre Sainte l'an 1147. lorsqu'il y passa avec le Roy de France Loüis le Jeune , le Marquis de Montfera & plusieurs autres Princes & Seigneurs de l'Europe qui s'étoient croisez à la sollicitation de Saint Bernard, Abbé de Clervaux. Ce Soffrey s'y signala, & le Pape Alexandre 3. luy infeoda en recompense quelques dixmes dans le

Viennois par Bulle expresse du 5. des ides de May de
l'année 1163. sa Sainteté estant alors en France, à cause
du Schisme. Je crois que ce ne fut qu'une confirmation
d'une ancienne infeodation ; car le Concile de Latran
qui s'estoit tenu quelques années auparavant avoit expressement prohibé ces sortes d'infeodation. Soffrey avoit
esté present à la fondation faite par le mesme Amé, de
l'Abbaye de Saint Sulpice l'an 1130. Il eut pour fils.

VI. Degré. IMBERT, *Seigneur de Beaumont* 2. du nom.

Un Chartulaire de l'Eglise de Vienne porte que l'an
1200. celuy-cy fit une cession à l'Eglise de S. Maurice
du droit qu'il avoit sur les dixmes de S. Pierre, qui fai-
foient une partie de ceux qui avoient esté infeodez à Soffrey son pere, comme le dit la Chartre. Cet Imbert eut
pour fils.

VII. Degré. GUILLAUME, *Seigneur de Beaumont* 2. du nom.

Qui passa en la Terre Sainte l'an 1246. avec l'armée du
Roy Saint Loüis, suivant le témoignage de Jean Sire de
Joinville en ses memoires chap. 73. Il y a dans la Cham-
bre des Comptes de Dauphiné un accord qu'il fit le 2. de
Decembre 1231. avec Martin Charbonneys Chevalier,
sur un different qu'un fond qui leur estoit commun avoit
fait naistre dans le lieu de Beaumont aupres de la Mure.
Ce Guillaume eut pour enfans.

1. Aymon qui suit.
2. Guillaume qui se reconnut Homme Lige du Dauphin, Comte de Graisivodan l'an 1266. Il habitoit à Beaumont, & la qualité de Chevalier luy est donnée.
3. Lantelme se reconnut de mesme Homme Lige du

Comte de Graiſivodan, la meſme année, avec d'autres
Gentilshommes de Beaumont.

VIII. Degré. AYMON *de* BEAUMONT,
Chevalier Seigneur de Beaumont.

L'an 1260. il ſe declara Homme lige de Guigues XII.
Dauphin de Viennois, Comte de Graiſivodan. L'acte eſt
dans la meſme Chambre des Comptes. Il eut pour enfans.

1. Amblard Seigneur de Beaumont, qui fut l'un des
entremeteurs d'un traité de Paix fait entre le Dauphin &
le Comte de Savoye le 7. de May 1304.

2. Artaud ſuivra.

ARTAUD *de* BEAUMONT,
IX. Degré. *Seigneur de Beaumont, de la Freite &*
du Fayet.

Le 24. de Juin 1317. il fit hommage au Dauphin Jean
des Terres qu'il tenoit en fief de Luy. Il eut pour enfans
de Marguerite de Rochefort, fille de Humbert de Rochefort, Seigneur de Pellafol au Dioceſe de Valence.   *Roche-*
                                                    fort.

1. Amblard qui ſuit.

2. Artaud a fait branche.

3. Guigues de Beaumont, dit Guers preſta hommage au Dauphin Humbert 2. de ce qu'il avoit dans le lieu
d'Avalon le 9. de Janvier 1334. il ſe qualifie fils d'Artaud
dans l'acte. Il fit un compromis le 20. de Mars 1339. avec
Guillaume Bigot Chevalier, pour ſortir des differens qu'ils
avoient enſemble au ſujet de quelques querelles arrivées
entre leurs Valets, pour leſquels ils s'eſtoient intereſſez.
Leurs arbitres furent Agout des Baux, Seigneur de Bran-
toles, & de Plaiſian, Amblard de Briord, Baillif de Graiſi-

vodan, Raymon Berenger & Rodolphe de Comiers, Chevaliers.

4. Aymar Seigneur des Avenieres. Cette terre fut rachetée par le Dauphin Charles, moyennant quatre mille florins d'or l'an 1354.

5. Aubert fut député l'an 1336. par le Dauphin Humbert II. pour regler un different qu'il avoit avec le Sire de Villars.

6. Pierre habitoit à Avalon l'an 1339.

Arces. 7. Ambroise fut la femme d'Aymon d'Arces.

AMBLARD de BEAUMONT,

X. Degré.　*Seigneur du Touvet & de Beaumont,*
Conseiller & Chancelier du Dauphin.

Sous le regne du Dauphin Humbert II. & sous celuy de Charles de France, Prince de Dauphiné. Cet Amblard a esté en grande consideration. Sous l'un & sous l'autre, il fut employé en diverses negociations, & fut Conseiller de tous deux. Je commenceray de parler de luy par son Alliance. Il contracta mariage le 29. de May 1336. avec Beatrix Alleman, fille de Guillaume Alleman,
Alle- Seigneur de Vaubonnois & d'Agnes de Villars. Le Dau-
man. phin Humbert II. & Beatrix des Baux sa femme furent
Villars. presens au contract, & ils nomment l'épousée leur cousine. Hugonin Alleman son frere luy constitua sa dot, du payement de laquelle se rendirent cautions, Girard de Rossillon Seigneur d'Anjou, Albert Seigneur de Sassenage, Guillaume Attaud Seigneur d'Aix, Odobert Seigneur de Chasteauneuf, Guigues de Morges Seigneur de Gensac, Humbert de Cholay Seigneur du Pont-Berenger, Amedée de Rossillon, Conseigneur du Bouchage, Amblard de Briord Seigneur de la Serra, Arnaud Seigneur de Rochefort, Soffrey d'Arces Chevaliers, Jean Berenger, Seigneur du Pont, & Aynard de Bellecombe Demoiseaux.

Parmy ceux qui assistérent à ce contract, j'y trouve encore Artaud Alleman Prieur *Nemoraci*, Amedée Alleman
prieur de saint Laurent de Grenoble, Odon Alleman de
l'Ordre de saint Antoine Commendeur de Veynes, oncles
paternels de Beatrix, Pierre Evesque de Geneve, & Jean
Evesque de Treves, ses oncles maternels. Venons maintenant aux employs d'Amblard de Beaumont, & aux choses qui me sont connuës de luy. Il fut nommé par le Dauphin Humbert II. avec Humbert de Choley pour estre
ses arbitres dans les differens qu'il avoit avec Aymon
Comte de Savoye, qui de sa part avoit convenu d'Amedée Comte de Geneve, & d'Antoine de Clermont Seigneur de la Bastie-d'Albanois; & ils firent un traité le 7.
de Mars 1334. sur le pont de Chaparoillan au mandement
de Bellecombe. Il y eut quelques difficultez sur l'execution de ce traité; tellement que ces mesmes Princes pour
les decider nommerent encore pour arbitres, par un acte
du 20. du mesme mois, Philippes de Savoye Prince d'A-
chaye, Beatrix Dauphine Dame d'Arlac, Guillaume Archevesque de Brandizo en Calabre, Rodolphe Abbé de
saint Michel de Chize, Antoine de Clermont Seigneur
de la Bastie d'Albanois, Philippes de Provane Chevaliers,
Humbert de Cholay Chevalier, & Amblard de Beaumont. Cet Amblard fut encore commis pour mettre entre les mains des Freres Prescheurs de Grenoble de la part
du mesme Dauphin mille florins d'or, & son peage de cette Ville, pour satisfaire aux commandemens du Pape Jean
XXII. qui luy avoit changé le vœu qu'il avoit fait d'aller
visiter le saint Sepulchre en quelqu'autre plus facile. L'acte du don de ces mille florins, & de ce peage est dans les
archives de ces Religieux, en date du dernier de Mars de
la mesme année 1334. Le 1er. d'Avril suivant, le Dauphin
donna à Amblard le Chasteau, le Bourg, la Ville & le Mandement de Montbrison aux Baronnies de Dauphiné; il est
qualifié dans les Lettres conseiller du Dauphin. Ce don

ne se fit que sous la condition que ce Prince pourroit retirer Montbrison en payant à Beaumont la somme de 300
florins d'or. Tant de traitez qui avoient esté faits entre le
Dauphin & le Comte de Savoye ne furent pas executez,
ou du moins ils donnerent lieu à quelque interpretation.
Ce qui me le persuade, c'est que le 27. du mois d'Avril de
la mesme année le Dauphin donna une procuration à
Humbert de cholay, & à cet Amblard de beaumont pour
traiter de paix avec l'autre. Le 5. de May suivant le Dauphin donna à beaumont qu'il nomme son conseiller; *tan-
quam bene merito*, *& majori dono digno*, dit l'acte, tout ce
qu'il avoit au Thouvet, pour augmenter son fief de beaumont. Le 22. de Novembre de la mesme année il luy
donna encore le Chasteau, le Territoire & le mandement
de Jayssans dans le Viennois. Il fallut planter quelques
limites entre le Dauphiné & la Savoye, aupres des montagnes de Rossillon, de Luys, de S. André de Briord & de
saint Saturnin ; Humbert Dauphin nomma de sa part
Guy de Grolée, Amedée de Rossillon, Nicolas constant,
& Amblard de beaumont par acte du 18. d'Octobre 1336.
Il y avoit eu un traité entre le mesme Prince & Raymon
qui l'estoit d'Orange l'an 1339. par lequel ce dernier se
rendit vassal de l'autre ; l'execution dependoit du don de
quelques terres que le Dauphin devoit donner à l'autre;
& pour l'achever il y eut des commissaires en 1341. dont
Beaumont en fut un. Lorsque le Dauphiné fut transporté
au fils aisné de France le 23. d'Avril 1343. Amblard de
Beaumont fut l'un de ceux qui signerent l'acte avec
Humbert Seigneur de Toyre & de Villars, Humbert de
Choley Seigneur de Lullins, Guigues de Morges Seigneur de l'Espine chevaliers, Jacques Bruniet chance-
lier de Dauphiné, Jacques Riviere de l'Ordre de saint
Antoine, Commendeur de Marseille, & Jacquemet de
Dye, dit Lappo, tous nommez Conseillers, Procureurs &
Messagers à ce deputez par le Dauphin. Nonobstant ce

ce transport Humbert Dauphin se reserva la souveraineté de son estat, & pour ce sujet il continua de se faire prester hommage par ceux qui le luy devoient : & pour le recevoir en son nom, il donna une procuration le 7. de Decembre 1344. à Jacques Brunier son Chancelier, à Amblard Seigneur de Beaumont, à Amedée de Rossillon Conseigneur du Bouchage, à François de Theys Seigneur de Thorane, & à Estienne Roux. Lors que Humbert D'auphin fut party pour la Terre sainte avec les troupes qui s'estoient croisées en 1346. Amblard de Beaumont & Disdier Conseigneur de Sassenage furent commis ensuite d'une Bulle du Pape Clement VI. pour recevoir onze mille cent Florins d'Or, & les envoyer à ce Prince. Le Dauphin qui se voulut marier avec la fille du Duc de Bourbon deputa pour en faire la recherche en 1348. Berard Seigneur d'Yseron, Amblard Seigr de Beaumont & Amé de Rossillon Seigneur du Bouchage. Enfin la veritable & réelle translation de Dauphiné s'estant faite en 1349. Amblard de Beaumont presta hommage au Dauphin Charles de France le 16. de Juillet de cette année là. Il fut l'un de ceux que Humbert Dauphin commit le même mois pour payer ses debtes, les autres furent Jean de Chissé Evesque de Grenoble, & François de Parme Chancelier de Dauphiné. Le même Amblard de Beaumont signa aussi l'acte de ce dernier transport qui fut fait le 16. de Juillet 1349. Plusieurs Prelats, Princes & Seigneurs le signerent aussi. Je donneray leurs noms ailleurs. Il fut nommé Conseiller du Dauphin Charles, & en cette qualité il luy presta serment de fidelité le même mois. Je nomme en un autre endroit tous ceux qui furent alors retenus pour Conseillers de ce nouveau Dauphin. En 1352. Berenger de Montaut Archidiacre de Liege & François de Parme furent commis pour regler les pensions de la mere & de la tate du Dauphin Humbert. En 1356. il fut nommé par le Dauphin Charles avec Falques Seigneur

D d

de Montchenu pour regler quelques échanges que ce Prince avoit fait avec le Comte de Savoye. Amblard eut pour fils.

AMBLARD de BEAUMONT II.

XI. Degré. *du Nom Chevalier Seigneur de Beaumont, du Touvet, de la Terrasse & de Montfort.*

Anne de Vaux fut sa femme. Elle estoit fille de Dronet de Vaux Seigneur de la Terrasse : elle luy porta en dot le chasteau de la Terrasse. Charles Dauphin donna en augmentation de fief à Amblard de Beaumont pere de celuy-cy l'hommage qui luy estoit deub par son fils à cause du chasteau de la Terrasse, par lettres patentes du mois d'Aoust 1359. Il luy donna aussi pour le même sujet l'hommage que Dronet d'Entremont luy devoit à cause du chasteau de S. Vincent de Mercuse. Il luy fit aussi present du chasteau de Moretel, pour en joüir pendant sa vie, & ordonne à Entremont & à Amblard 2. de prester hommage à cét Amblard premier de la même maniere qu'à luy même. On voit par cét acte qu'Amblard premier vivoit encore l'an 1359. Je crois qu'il mourut bien-tost après. Son fils qui fait la matiere de ce degré presta serment de fidelité au Roy Dauphin le 12. d'Aoust 1368. plusieurs actes le nomment Aymar. Il fit hommage le 18. de Juin 1375. pour Beaumont & la Terrasse. Il en avoit fait un le dernier de Septembre 1367. où il est nommé Conseiller du Dauphin & Chevalier. Guy Pape Jurisconsulte & Conseiller de Dauphiné fait mention de luy & de ses enfans dans la quest. 81. de ses decisions & dans l'art. 140. de ses conseils,

1. Aymar fût heritier de son pere, & mourut sans posterité après s'estre signalé en plusieurs occasions à la teste de 50. hommes qu'il commenda long-temps en France contre les Anglois & qu'il mena en Italie en faveur des

Florentins: François Baron de Saſſenage eſtant Lieutenant General dans l'armée que commendoit le Duc de
Touraine contre Jean Galeas Duc de Milan.

2. Amblard a continué.

3. Alix eſtoit Abbeſſe des Ayes l'an 1410.

AMBLARD de BEAUMONT III.
XII. *Degre.*   *du Nom Chevalier Seigneur de Beaumont
& de Montfort.*

Guy Pape conſ. 140. dit qu'aprés la mort d'Aymar ſon
frere il receüillit les biens de ſa maiſon. Il demeura jeune-
ne ſous l'adminiſtration de Robert de S. Germain commendeur d'Allemagne de l'Ordre de S. Antoine, & de
Noble Jean Berlioz qui furent ſes curateurs, & qui l'étoient
encore l'an 1403. car le penultiéme d'Avril de cette année, Noble Antoine Guillermier le Vieux du lieu du
Thouvet en faiſant hommage au Dauphin pour cét Amblard, dit que c'eſt en vertu de la procuration qui luy en
avoit eſté paſſée par ſes curateurs qu'il nomme. Aymar
ſon frere eſtoit déja mort ; car il eſt qualifié Seigneur de
Beaumont & de Montfort. Il preſta hommage luy même
le penultiéme d'Octobre 1413. où il eſt qualifié Noble &
Puiſſant Seigneur. Il en fit un autre le 17. de Juin 1417.
& finalement un autre le 21. de Janvier 1428. il mourut
à la fin du même mois, & laiſſa pour enfans.

1. Amblard qui aura ſon chapitre.

2. Artaud épouſa Jeanne de Buffevant au nom de laquelle il fit hommage au Dauphin Louys dans la Ville de
Valence le 17. de Fevrier 1446. Elle teſta l'an 1464. Elle
eſtoit fille de Pierre de Buffevant & de Françoiſe de Ner-   *Buffe-*
pol. Cét Artaud eſtoit conſideré par ce Prince, & j'ay   *vant.*
veu une lettre en original qu'il en avoit receüe le 26. de   *Nerpol.*
Janvier ſans autre datte, par laquelle le Dauphin luy
donne ordre *de remettre au Sire de ſaint Vallier ſon couſin la*

place de Chantemerle, qu'il luy avoit engagée pour 500. livres, en luy payant ladite somme.

3. Louys est mentionné parmy les Nobles d'Avalon en un dénombrement de l'an 1450.

Arces.   4. Beatrix fût la femme de Hugues d'Arces.

5. Antoinete Religieuse au Monastere de saint Iust l'an 1440.

AMBLARD de BEAUMONT, *IV.*

XIII. Degré.   *du Nom Seigneur de Beaumont, de Montfort & du Touvet.*

Le 15. de Fevrier 1428. il presta hommage au Dauphin. Il est dit dans l'acte qu'Amblard de Beaumont son pere en avoit rendu un le 21. de Ianvier precedent, ce qui fait voir qu'il estoit mort entre deux. Marguerite de Saffenage fut la femme de celuy-cy. Elle estoit fille de Henry 3. Ba- *Saffena-* ron de Saffenage & d'Antoinette de Saluces: il y eut une *ge.* quittance de la dot l'an 1438. Elle resta veufve estant en- *Saluces.* core assez jeune, le Dauphin Louys la vit frequemment lors qu'il estoit en Dauphiné & en eut deux filles, qu'il avoüa. L'une fut mariée au Bastard de Bourbon Comte de Rossillon Admiral de France, & l'autre nommée Marie épousa Aymar de Poitiers Seigneur de saint Vallier. Les Princes ne sont pas comme les autres hommes, ils ont un certain charactere qui les fait aymer & craindre, & ce seroit un crime à la beauté des femmes de se faire une vertu de leur resistance. Marguerite de Saffenage vivoit encore l'an 1462. car le 10. de Mars de cette an- née, elle albergea quelques fonds à Noble Antoine Masson du lieu de Crolles. Elle avoit eu d'Amblard de Beaumont son mary.

1. Amblard qui fut heritier de son pere, & mourut sans enfans, comme dit Guy Pape decis. 81. & cons. 140.

2. Aymon a continué.

3. Iean Abbé de Boscodon l'an 1473.

4. Ieanne Religieuse à Montfleury.

AYMON de BEAUMONT, *II.*
XIV. Degré *du Nom Seigneur de Beaumont, du Touvet & de Montfort.*

Amblard son frere mourut l'an 1470. & celuy-cy re-
cüeillit sa succession. C'est ainsi qu'en parle le Jurifcon-
sulte Guy Pape ; mais il se trompe de dire qu'Amblard
qui avoit épousé la Saffenage ne laissa point d'enfans. La
femme de cét Aymon ne m'est pas connuë. Il eut pour fils.

JAEN de BEAUMONT,
XV. Degré. *Seigneur de Beaumont du Touvet & de Montfort.*

Le Pere Hilarion de Coste dans les Eloges des Dauphins, & Monsieur le Président Expilly dans le supplé-
ment à l'histoire du Chevalier Bayard, disent, que celuy-
cy se signala en la journée de Marignan l'an 1515. où
les Suisses furent défaits par François premier. Il avoit
déja marché en un arriereban de l'an 1495. & en un autre de 1512. où il commanda une brigade. Il laissa pour
fils de Madelaine Alleman sa femme, fille de Charles *Alle-*
Alleman Seigneur de Laval & de Clemence de Laudun *man.*
Laudun.

LAURENT de BEAUMONT,
XVI. Degré *Seigneur de Beaumont & de Montfort.*

Il presta hommage pour Beaumont & pour Montfort
au Roy François premier Dauphin de Viennois le 12. de
Septembre 1541. Certain particulier l'accusa d'avoir me-
dit de Laurent Alleman Evesque de Grenoble son oncle ;
il s'en pleignit tout haut devant le Gouverneur où il fit

une eſpece de défy pour ſon innocence. La piece eſt aſſez curieuſe pour eſtre donnée au public.

DOVBLE DU DIRE,

QUE LE SIEUR DE BEAUMONT
en Dauphiné a dit & prononcé de ſa bouche à Monſeigneur de Maugiron Chevalier de l'Ordre du Roy ' Capitaine de cinquante Hommes d'Armes de ſes Ordonnances , & ſon Lieutenant General en Dauphiné & Savoye , en l'abſence de Monſeigneur le Duc de Guiſe, en preſence des Gentils-hommes , & autres cy-apres nommez.

Onſieur, avec voſtre licence je vous ſupplie bien humblement, & toute cette honorable Compagnie , avoir cette opinion de moy, joint que je dis que tous ceux ou celuy qui ont dit & malheureuſement controuvé que j'euſſe dit que ce que le Fontunas avoit mis ſus à Monſieur de Grenoble mon oncle, eſtoit vray. Ils ont malheureuſement & méchamment menty par leur poltronne & méchante Gorge, & mentiront toutes & quantes-fois qu'ils le diront; & generalement de toute autre imputation qui peut importer & prejudicier mon honneur & reputation. Et quand il plairra à Monſieur de Grenoble ou autre m'en nommer aucun; aſſeurez-vous, Monſieur, qu'avec la licence du Roy ; je luy couperay la gorge, & luy feray vomir ſon ſang avec ſon ame, plus outre que les portes d'enfer, ſi c'eſt perſonne de mon calibre, & hors de mon calibre, je le feray aſſommer à un valet ; faiſant connoiſtre à Monſieur de Grenoble qu'il n'euſt jamais un plus loyal & fidele parent que moy. Et afin que mon dire demeure ferme & ſtable entre les vivans perpetuellement , à la décharge de mon honneur & innocence ; je vous ſupplie tres-humblement Monſieur pour la conſervation de ce qui m'appartient, & à toute ma ſuite ordonner

de voſtre bonté, que le tout ſoit mis & enregiſtré en la Chambre des Comptes de cette Ville, pour m'en ſervir en temps & lieu, comme le devoir le me commandera, aux proteſtations que ſi aucun de gayeté de cœur me voyant enqueſté de mon accuſateur prit opinion, dire ou penſer que je me vouluſſe faire accroire choſe qui fut dependente du ſujet de cette malheureuſe orde & ſale imputation ny autres; ils ont menty & mentiront toutes & quantesfois qu'ils le diront, reſervaut toûjours en tout & par tout l'honneur & reverence que je dois à Monſieur de Grenoble mon oncle, ſauf qu'en premier lieu luy plaiſe m'eſtimer homme de bien,& que je ne luy fis jamais tort, & concluant à toutes fins; Voicy mon dire par eſcrit tiſſu & ſigné de ma propre main, lequel bien humblement je vous preſente aux prerogatives de mon droit. Signé,
BEAVMONT.

LE deuxiéme jour de Fevrier 1554. le dire & propos contenus cy-deſſus, ont eſté dits & prononcez par la bouche du Seigneur de Beaumont, parlant à Monſeigneur de Maugiron Chevalier de l'Ordre du Roy, Capitaine de cinquante Hommes d'Armes de ſes Ordonnances, & ſon Lieutenant General en Dauphiné & Savoye, en abſence de Monſeigneur le Duc de Guiſe, Monſeigneur de Maugiron eſtant en une des Chambres de la maiſon de la Treſorerie de Grenoble, appellée la Chambre du Roy,en la preſence de Monſieur de Breſſieu Monſieur de Ribiers, le Seigneur du Pont, le Seigneur de Montoiſon, le Seigneur de Preſſins, le Prieur de ſaint Iean, le Seigneur de Chaſteauvillain, le Prieur de Vorepe, le Grand Prieur de ſaint Antoine, le Prieur de Chaſteaudouble, le Chanoine de Iarjaye, le Chanoine de Beau-Chaſteau, le Capitaine Mas, les Seigneurs du Paſſage & de Serricres, le Chanoine de Chiſſé, le Capitaine Barbieres, le Seigneur de l'Arthaudiere, le Seigneur de Sablieres, le Seigneur de Dornin, le Seigneur de la Tivoliere, le Seigneur du Gua, le Seigneur de Maſſonas, le fils du Seigneur de Serrieres, le Seigneur du Chaſtel'ard, le Seigneur du Chaſtél, le Seigneur de la Tour-du-Pin, le Seigneur de Roſſet, le Seigneur de Charpey; le Seigneur de Neyrol-

les, le Seigneur de Vatilieu, le Pillon & saint Mury, & plusieurs
autres, tant Ecclesiastiques, que Nobles, &c.

Extrait des Registres de la Chambre des Comptes,
Collationné par moy Conseiller, premier Se-
cretaire du Roy en icelle. Signé, MOLARD.

Terrail.
Genost.
Ce Laurent eut de Marguerite Terrail sa femme, fille
d'Yves de Terrail, & de Loüise de Genost.

LAURENT de BEAUMONT

XVII. Degré. II. *Seigneur de Beaumont, de*
Montfort & de Crolles.

Qui presta hommage au Roy Henry le Grand le 16.de
Fevrier 1584. Ceux qui ont suivy ce Laurent ayant paſſé en Languedoc ; je n'ay pû avoir des titres ny des con-
noiſſances neceſſaires pour leur donner icy leur rang. Le
Seigneur de Pompignan chef de cette branche en ce païs-
là pourra peut-eſtre un jour m'en apprendre la deſcen-
dence: alors je la donneray au public.

BEAVMONT LA FRETTE
II. BRANCHE,

ARTAUD de BEAUMONT

X. Degré. II. *du nom, Chevalier Seigneur de la*
Frette,

Fils d'un autre Artaud de Beaumont premier du nom
Seigneur de Beaumont & de la Frette, se signala à la ba-

taille de Varey l'an 1325. que Guigues Dauphin gaigna
fur le Comte de Savoye. Il fut prefent à l'hommage que
le Dauphin Humbert II. rendit au Chapitre de l'Eglife
de Noftre-Dame de Grenoble le 9. d'Avril 1340. Il fut
pourveu de la Chaftelenie ou Gouvernement du Bourg
de Moyranc par le mefme Dauphin apres le tranfport de
Dauphiné au fils aifné de France l'an 1343. Il prefta
hommage au Dauphin Charles, de cette Chaftelenie le
28. d'Aouft 1349. apres que le Dauphin Humbert le luy
eut ordonné, car il refufa d'abord de le rendre qu'à fon
ancien maiftre. Il eut pour enfans de Polie de Chabrillan fa femme, fille d'Amé de Chabrillan Seigneur d'Au- *Chabril-*
tichamp, & fœur d'Aymard & d'Amedée de Chabrillan. *lan.*

1. Imbert dont je feray mention.
2. François a fait branche.

IMBERT de BEAUMONT
X I. *Dégré.* I I I. *du nom, Chevalier Seigneur de la Frette.*

L'enquefte que du Chefne allegue dans les preuves
de la Genealogie de la maifon de Poitiers, porte que Loüis
de Poitiers Comte de Valentinois paya à Meffire Imbert
de Beaumont la femme d'onze cens florins d'or pour l'a-
chapt de la part de la terre de Chabrillan, qui avoit appartenu à la mere de cet Imbert. Il la vendit pour payer
fa rançon, ayant efté fait prifonnier en Guyenne
par les Anglois, contre lefquels il eftoit allé fous
ce mefme Loüis de Poitiers qui y mena des Troupes avec
Aymar fon fils. Ce Comte à fon retour eut guerre avec
cet Imbert de Beaumont, Amaury de Severac,
& plufieurs autres Seigneurs environ l'an 1376. qui fe termina par l'entremife de l'Evefque de Valence. Imbert
eut pour femme Peronette de Cordon fille de Rodolphe *Cordon.*
Seigneur de Cordon, & de Marie de Duyn; & pour enfans. *Duyn.*

E e

1. François qui suit.
2. Artaud.

FRANÇOIS de BEAUMONT

XII. Degré.   *Chevalier Seigneur de la Frette & du Fayet.*

Le dernier d'Octobre 1413. il fit hommage au Dauphin, des biens qu'il avoit à Theys, à la Pierre & à Domene. Il marcha à l'arriereban commendé par Henry Baron de Saffenage l'an 1424. & combatit à la bataille de Verneüil, où moururent 300. Gentilshommes de Dauphiné. Il laiſſa un fils nommé comme luy, d'Aynarde de Guiffrey ſa femme, fille de Noble Antoine de Guiffrey Seigneur de Boutieres, & d'Antoinette Bompar. Cette Guiffrey mourut l'an 1408.

Guiffrey Bompar.

FRANÇOIS de BEAVMONT

XIII. Degré.   *II. du nom, Seigneur de la Frette, Baillif du Graiſivodan.*

Fut nommé tuteur de Guillaume de Beaumont ſon parent fils de Loüis de Beaumont Seigneur de Pellafol dans le teſtament de ce Loüis de l'an 1439. Il fut pere de

XIV. Degré   ### CLAUDE de BEAUMONT
Seigneur de la Frette.

Qui fut témoin au contract de mariage de Noble Pierre de Bompar avec Anne de Briançon du 5. de May 1474. & mourut ſans alliance. Il s'eſtoit ſignalé en Flandre où il avoit ſuivy le Dauphin Louys.

BEAVMONT PELLAFOL,

ET CONTINUATION D'AUTICHAMP.

III. BRANCHE,

QVI BRISE SES ARMOIRIES D'VNE COVRONNE D'OR

EN CHEF.

FRANCOIS *de* **BEAVMONT,**
Seigneur de Pellafol & de la Ba-
ſtie-Rolland.

XI. Degré

Nommé fils d'Artaud de Beaumont Seigneur de la
Frette dans un hommage qu'il fit au Dauphin le 17. de
Juillet 1356. pour la terre de la Baſtie-Rolland, qui avoit
eſté autrefois de Humbert de Rochefort, Chevalier Seigneur de Pellafol, & qu'il avoit acquiſe d'Arnaud de Rochefort & de Luquete ſa femme. Il fut l'un de ceux qui
ſuivirent le Dauphin Charles lors qu'il paſſa en Dauphiné pour y lever des trouppes l'an 1350. en faveur du Roy
Jean ſon pere contre les Anglois. Polie fut ſa femme, la
moitié de la terre de Monteilliez luy appartenoit; car elle **Monteil-**
eſtoit de la maiſon de Monteilliez, eſteinte depuis long- **liez.**
temps, & fille de Ponſon Seigneur de Monteilliez. Louys
de Villars Evêque de Valence declara cette moitié, commi-
ſe en ſa faveur faute d'hommage; mais Beaumont s'oppoſa à ce commis au nom de ſa femme, & à la fin il y eut
un accord entre l'Eveſque & luy le 17. de Mars 1368.
par lequel la terre demeura à Beaumont qui la reconnut
le même jour en faveur de ce Prelat. Il revendit cette ter-

Ee ij

re à François de Saſſenage l'an 1367. Il eut encore un autre different avec ce Seigneur de Saſſenage pour la deci-
ſion duquel ils compromirent entre les mains de la Loupe
Gouverneur de Dauphiné le 7. de Novembre de la même année. La terre de Pellafol luy écheut en vertu de la
ſubſtitution appoſée au teſtament de Humbert de Rochefort Seigneur de Pellafol ſon oncle du 17. d'Aouſt 1349.
Il eut pour fils.

IMBERT *de* BEAUMONT, III.
du Nom, Chevalier Seigneur de Pellafol
& d'Autichamp.

XII. Degré.

Il fut l'un de ceux que le Comte de Valentinois donna
pour cautions, ſur l'execution d'un traité qu'il fit avec le
Seigneur de ſaint Vallier ſon couſin, l'an 1416. Lorſque
Geoffrey le Maingre dit Boucicaut ſe maria avec Iſabelle
de Poitiers fille du Comte de Valentinois l'an 1421. dans
le contract de mariage il y eut pluſieurs perſonnes de conſideration, parmy leſquels celuy-cy eſt nommé. Ce fut
l'un des témoins ouys en l'enqueſte rapportée par du Chefne de laquelle j'ay parlé cy-devant, & qui fut faite la même année, voicy comme il eſt qualifié. *Noble homme Meſſire*
Imbert de Beaumont Chevalier Seigneur de Pellafol demeurant
à Hautichamp, laquelle terre de Pellafol eſt aſſiſe en la Comté
de Valentinois. Il y eſt appellé couſin du dernier Comte de
Valentinois avec lequel il avoit long-temps demeuré. Il
combatit avec honneur à la bataille d'Anton l'an 1429.
où le Prince d'Orange fut défait & contraint de paſſer le
Rône à la nage armé de toutes pieces ſur ſon cheval. Il
eut pour enfans.

1. Imbert qui ſuit.
2. Aynard a fait branche.
3. Guillaume laiſſa un fils nommé Guillermin.
Bompar 4. Caterine mariée à Noble Jacques de Bompar.

IMBERT *de* BEAUMONT, *IV.*

XIII. Degré. *du nom, Seigneur de Pellafol, de Rochefort, d'Autichamp & des Marches.*

Bruniſſande de Cornillan fut ſa femme. Elle eſtoit fille de Pierre, Seigneur de la Beaume Cornillane & Conſeigneur de Vinſobres. Il la nomme dans ſon teſtament du 5. de Novembre 1436. duquel il fait executeurs, Reynaud Alleman Seigneur de ſaint George, & Louys de la Baume Seigneur de Suze. Il y fait mention d'Aynard de Beaumont ſon frere & de ſes enfans. La même année & le 23. de May, Louys fils aiſné du Comte de Savoye luy infeoda la terre des Marches en toute juſtice, pour recompence des ſervices qu'il avoit rendu à l'Eſtat de Savoye. Voicy ſes enfans. *(Cornillan.)*

1. Louys qui aura ſon chapitre.
2. André a fait branche.
3. Marie.
4. Louyſe.
5. Françoiſe.
6. Lucque Religieuſe au Monaſtere de Saletes.
7. Antoinete Religieuſe en celuy de ſaint Juſt.
8. Polie épouſe de Jean Alleman Seigneur de Sechilinne. *(Alleman)*

LOUYS *de* BEAUMONT,

XIV. Degré. *Seigneur de Pellafol, des Marches & de Barbieres.*

Celuy-cy mourut tres-jeune, & ne ſurveſcut ſon pere que de peu d'années. Il teſta le 2. d'Octobre 1439. & de Louyſe de Grolée ſa femme, fille d'André de Grolée Seigneur de Paſſin & de Beatrix de Geneve, il laiſſa *(Grolée. Geneva.)*

1. Jean Seigneur de Pellafol l'an 1474.

E e iij

2. Guillaume a continué.

GUILLAUME *de* BEAUMONT, *II.*

XV. Degré.   *du Nom , Seigneur de Pellafol, de Barbie-*
res, des Marches , & de la Baftie-Rolland.

Aprés la mort de fon pere , il fut mis fous la tutelle de Louyfe de Grolée fa mere & de François de Beaumont Seigneur de la Frette fon coufin ; mais ce François de Beaumont eftant venu à deceder , l'adminiftration de ce Guillaume fut donnée à Artaud de Beaumont auffi fon parent, par acte du 26. de Juin 1446. Il contracta mariage le 16. de Juin 1460. avec Antoinette Alleman, fille *Alleman* de Noble Aymon Alleman , Seigneur de Champs & de *Menthon* Tolignan , & de Clarie de Menthon. Il eut de grands differents avec Aymar de Poitiers Seigneur de faint Vallier touchant quelques interefts de famille. Ils furent ter-
minez par tranfaction du xj. d'Aouft 1469. dans laquelle il eft fait mention de Louys de Beaumont, & d'Imbert de Beaumont pere & ayeul de ce Guillaume : lequel vefcut long-temps & tefta l'onziéme d'Avril 1515. ayant eu pour enfans ,

1. Guillermin Seigneur des Marches mourut avant fon pere & vendit cette terre à Aynard de Cordon l'an 1482.

2. Claude qui fera la matiere du degré fuivant.

Bellecö- 3. Claire époufe de Noble Philippes de Bellecombe , *be.* Seigneur du Touvet.

4. Jeanne Religieufe au Monaftere de faint Veran au de là des Murs d'Avignon.

S. André 5. Louyfe mariée à Noble André de faint André.

CLAUDE *de* BEAUMONT,

XVI. Degré *Seigneur de Pellafol, de la Baſtie Rol· land & de Barbieres , & Conſeigneur de Veynes.*

Il contracta mariage le 10. de May 1498. avec Ragonde d'Urre , fille de Noble Jordan d'Urre , Conſeigneur d'Ur-*Vrre.* re. Il ſuivit le Roy Charles VIII. en Italie avant que d'ê-tre marié , & Jean Rabot ſon beau frere ayant eſté fait Chancelier de Naples l'attira encore delà les monts, où il mena une compagnie de ſoixante Arbaleſtiers. Il fit ſon teſtament le 8. d'Octobre 1516. dans lequel il nomme pour ſes enfans.

1. Jean Seigneur de la Baſtie Rolland dont il preſta hommage au Roy Dauphin le 15. de Juillet 1544. il mou-rut ſans enfans.

2. Antoine a continué.

3. Claude.

4. Olivier.

ANTOINE *de* BEAUMONT,

XVII. Degré. *Chevalier Seigneur de Barbieres , d'Au-tichamp, de la Baſtie-Rolland & de Pel-lafol.*

Le 28. d'Avril 1555. il contracta mariage avec Mar-guerite de Monteux fille de Noble Hyerôme de Mon-*Monteux* teux Chevalier Seigneur de Miribel, habitant à ſaint An-*Garnier.* toine en Viennois, & de Françoiſe Garnier. Il eut la ter-re d'Autichamp par le decez ſans enfans maſles, d'Im-bert de Beaumont dont je parleray en la branche ſuivan-te : & ce en vertu des ſubſtitutions appoſées au teſtament d'Imbert de Beaumont, l'un de ſes ayeuls de l'an 1436. Il fit le ſien le 7. d'Octobre 1569. où il nomme pour ſes enfans.

1. Gaſpard dont il ſera parlé.
2. Madelaine.
3. Françoiſe.
4. Antoinette.

GASPARD *de* BEAVMONT

XVIII. Degré. *Seigneur d'Autichamp & de Bar-bieres.*

Vilette. Son alliance fût avec Antoinette de Vilette, fille de
Noble Charles de Villette Seigneur du May; & d'Ayma-
Sauvain. re de Sauvain, par contract de mariage du 26. de Novembre 1578. Il a teſté le 8. d'Octobre 1600. & laiſſé pour enfans.

   1. Loüis Seigneur de Barbieres & de Pellafol.
   2. Charles Seigneur d'Autichamp.
   3. Antoine aura ſon chapitre.
   4. Jean-Claude Seigneur de Miribel marié avec
Alleman Loüiſe Alleman fille de Noble Gaſpard Alleman baron
Bouliers d'Vriage, & de Marguerite de Bouliers.
   5. Loüiſe.

ANTOINE *de* BEAVMONT

XIX. Degré. *II. du nom Seigneur d'Autichamp &
de Roches.*

Le premier de Septembre 1609. il prit pour femme
Florence Françoiſe de Florence fille de Noble Guichard de Flo-
Vaux. rence ſieur de Gerbeys & d'Heleine de Vaux. Ils ont teſté conjointement le 6. de Septembre 1640. Voicy leurs
enfans.

   1. François qui ſuit.
   2. Charles a fait branche.
Pourroy.   3. Anne mariée à Noble Paul Pourroy Vicenechal de
Creſt.
Laube.   4. Heleine femme de Noble Jean de Laube Seigneur

de faint Trivier & de Bron.

	FRANCOIS *de* BEAUMONT, *II.*
XX. Degré.	*du Nom, Seigneur d'Autichamp & de*
	Roches.

Il a pour femme Louyfe-Olimpe de Breffac, fille de *Breffac*
Noble Henry de Breffac Baillif de Valence & de Juftine *Coftaing*
de Coftaing. Il l'a époufée le 9. de Juillet 1644. Ses enfans
font.

   1. Charles a fervy cinq ans de Lieutenant de là Meftre de Camp dans le Regiment de Cavalerie de Villeneuve, en Catalogne.

   2. François a efté Page du Roy dans la grande Efcuyrie, & a fervy de Cornette dans le même Regiment de
Villeneuve, où il eft actuellement Lieutenant.

   3. Jofeph eft Ecclefiaftique.

   4. une fille.

BEAVMONT DE MIRIBEL,
IV. BRANCHE.

	CHARLES *de* BEAUMONT,
XX. Degré.	*Seigneur de Miribel, d'Onay & de S.*
	Chriftophle, Capitaine de Cavalerie
	au Regiment d'Harcourt, & Gouver-
	neur pour le Roy du Chafteau & de la
	Ville d'Angers.

Il a fervy le Roy dans fes armées dépuis l'année 1639.
Il commança dans le Regiment d'Infanterie du Comte

d'Harcourt, dans lequel par plusieurs actions d'honneur il acquit dabord beaucoup d'estime dans l'esprit de ce Prince : qui luy procura ensuite une Compagnie dans son Regiment de Cavalerie : où il a esté 21. ans. Il fut blessé étất la teste de sa Compagnie au combat de Laureens en Catalogne l'an 1645. où l'armée ennemie fut défaite, & où le Marquis de Mortare General Espagnol fut fait prisonnier. Il receut encore une blessure au siege de Lerida en 1646. & son courage l'ayant porté souvent en des occasions perilleuses, il eut trois chevaux tuez sous luy. En 1647. le même Regiment ayant esté obligé de soûtenir une vigoureuse attaque des ennemis sur le canal de Nieuport, il se vit presque seul de tous les Capitaines à faire ferme & à essuyer le feu de deux mille Cavaliers. Cette action obligea le Cardinal Mazarin de parler de ce Regiment avec éloge & de luy envoyer cent chevaux pour remonter ceux qui avoient perdu les leurs en cette occasion. En 1648. il donna des marques de son courage à la bataille de Lens où du premier choc les Capitaines qui estoient avant luy ayant esté tuez ou blessez, il se vit à la teste du Regiment, & obligé de le commander. Le Prince de Condé sous qui cette memorable journée fut si avantageuse à la France, luy ayant ordonné de charger les ennemis en sa presence, il le fit avec un succez si heureux, que ce Prince en écrivit au Comte d'Harcourt en des termes qui luy firent connoistre que ce Capitaine y avoit fait son devoir. En 1650. & 1651. il fit la charge de Mareschal de logis general de la Cavalerie aux guerres civilles de Guienne avec toute la confiance de son Mestre de Camp, qui comme chacun sçait commandoit l'armée du Roy. Ce General l'envoya à Poitiers pour rendre compte à la Reyne Mere du succez de l'armée Royalle. Sa Majesté en fut tres-satisfaite, & après luy avoir fait connoistre que ses services luy estoient agreables elle luy donna une chaîne d'or avec une medaille. En 1652. &

1653. il fut employé par le même Comté d'Harcourt, pour negotier son accommodement avec le Roy. Cét important employ dont il s'acquitta avec beaucoup de prudence & de conduite, fit que Pierre Seguier qui estoit alors ministre d'Estat, & qui a esté ensuite Chancellier de France, luy dit de la part du Roy que le Comte d'Harcourt ne pouvoit pas choisir un Agent plus fidelle, plus sage & plus propre à une semblable negotiation, de laquelle sa Majesté estoit parfaitement satisfaite. Ce fut alors qu'il fut envoyé en Catalogne pour y commander le même Regiment, ce qu'il a continué jusques à la paix des Pyrenées. Sur la fin de 1666. le Comte d'Armagnac Grand Escuyer de France, & Gouverneur d'Anjou, le demanda au Roy pour estre son Lieutenant au Gouvernement particulier de la Ville & du Chasteau d'Angers : ce qu'il obtint facilement, & même sa Majesté qui connoist parfaitement tous ceux qui l'ont servy long-temps & avec zele, se resouvint agreablement de luy & de ses services, témoigna que c'estoit la moindre recompense qu'il pouvoit esperer, que le Comte d'Armagnac luy avoit fait plaisir de luy proposer un vieux Capitaine qu'il affectionnoit, & ordonna à même temps qu'outre ses appointemens on luy donnast une pension de cinq cent escus. Il est presentement en ce poste si avantageux & chery de tout le monde en ce pays-là, à cause de sa vertu & de son merite. Il a eu deux femmes, la premiere nommée Louyse de Rostaing, fille de Jacques de Rostaing & d'Esperance d'Yseran; & la deuxiéme Françoise de Jony, fille d'Antoine de Jony & d'Emerentiane de Chabert. Il a eu de la premiere

Rostaing
Yserand.
Iony.
Chabert

1. Jean-Claude Mousquetaire du Roy en 1675. Cornette de Cavalerie de Monsieur le Grand en 1676. puis son Lieutenant. Il a servy jusques à la paix de Nimegue.

2. Joseph a esté Page de la grande Escuyrie, puis Cornette de Cavalerie à la place de son frere, & a servy jusques à la même paix.

3. Louyse-Olimpe.

BEAUMONT
ANCIEN AVTICHAMP.
V. BRANCHE.

ANDRE' de BEAUMONT,
Seigneur d'Autichamp , & de la
Roche de Grane.

XIV. Degré.

Deuxiéme fils d'Imbert de Beaumont quatriéme du nom, Seigneur de Pellafol , de Rochefort & d'Autichamp. Il eut la terre d'Autichamp pour son appanage, dans le testament de son pere de l'an 1436. & acquit celle de la Roche de Grane , dont il est dit Seigneur en une revision de feux de l'an 1474. Il avoit combattu lors de l'arriereban commandé par Jaques Baron de Saffenage l'an 1465 & acquis beaucoup de reputation à la bataille de Montlery où cinquante-quatre Gentilshommes de Dauphiné *Alinges.* furent tuez. Il eut pour femme Françoise d'Alinges , & pour enfans

1. Imbert Seigneur d'Autichamp , qui n'eut qu'un fils naturel duquel je décriray la branche à la fin des autres.
2. Guy a continué.
3. Philippes Chanoine de Valence, Seigneur de Hautefort & d'Auriple.
Disimieu 4. Soffrée marié à Claude de Disimieu,

XV. Degré GUY de BEAUMONT,
Seigneur d'Autichamp.

Vivoit l'an 1484. comme il se justifie par le testament

que fit Imbert fon frere cette année là où il parle de luy,
& par une tranfaction que firent fes petites filles, de laquelle je parleray à la fuite. Son alliance ne m'eft pas connuë. Il eut pour enfans.

1. Imbert qui fuivra.
2. Michelete Religieufe à Montfleury.

XVI. Degré IMBERT de BEAUMONT, V. du Nom, Seigneur d'Autichamp.

Fut marié deux fois, la premiere avec Gilete de Saffenage, fille de François de Saffenage Seigneur du Pont, & de Guicharde d'Albon, ce qui fe juftifie par des Lettres Royaux de l'année 1544. impetrées par cét Imbet où cette alliance eft alleguée. Il n'en eut aucune pofterité. L'autre femme fut Benoite de Chabert, fille de Jacques Chabert Seigneur de la Roche, & d'Heleine Cornillan. Il en eut trois filles, qui tranfigerent le premier de May 1562. avec Antoine de Beaumont Seigneur de Barbieres touchant la terre d'Autichamp pretenduë par celuy-cy. Il eft dit dans l'acte qu'Imbert de Beaumont Seigneur de Pellafol & d'Autichamp avoit laiffé pour enfans Louys & André, que cét André avoit efté pere de Guy, que Guy avoit eu Imbert pour fils, & que ce dernier Imbert n'avoit laiffé que trois filles nommées

(Saffenage. Albon. en marge)

(Chabert Cornillan. en marge)

1. Jeanne femme de Noble Jean de Salignon.
2. Charlote époufe de Noble Jean de Fay.
3. Anne.

(Salignon Fay. en marge)

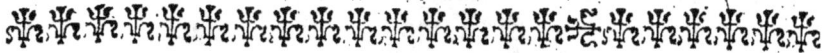

BEAVMONT DES ADRETS.
VI. BRANCHE.

AYNARD _de_ BEAUMONT,
XIII. Degré. _Seigneur de Saint Quentin, des Adrets_
& d'Vrtieres.

Fils puiſné d'Imbert de Beaumont troiſiéme du nom,
Seigneur de Pellafol & d'Autichamp; ſe trouve nommé
Alleman. au teſtament d'Imbert de Beaumont ſon frere de l'an
1436. il eut pour femme Aymonete Alleman fille de Guigues Alleman troiſiéme du nom Seigneur d'Uriage &
d'Anne de Chaſteauneuf. Il vivoit encore l'an 1450. &
fut mis au rang des Nobles de Dauphiné dans une reviſion de feux qui fut faite cette année-là. Il eut pour enfans.

1. Jacques de Beaumont Seigneur de ſaint Quentin qui
ſe dit fils & heritier d'Aymonette Alleman ſa mere dans
un hommage qu'il preſta au Roy Louys XI. Dauphin de
Viennois le premier de Decembre 1463. Il avoit épouſé
La Tour- l'an 1460. Marguerite de la Tour de Saſſenage, fille d'Ay-
Saſſena- mar de la Tour de Saſſenage Seigneur d'Armieu. Il eut
_ge._ un fils nommé Reforciat de Beaumont Seigneur de ſaint
Chiſſé. Quentin, marié avec Guillemette de Chiſſé. Il y eut de
cette alliance Laurent Seigneur de ſaint Quentin qui rendit des preuves de ſa valleur aux guerres d'Italie. Il mourut à la bataille de Pavie, & fut pere de Gaſpard de Beaumont qui deceda jeune & qui vivoit l'an 1551.

2. Aynard a continué.

3. Louys ſieur de la Tour marié avec Gabrielle de Ter-
Terrail. rail, fille de Pierre de Terrail & de Marie de Bocſozel
Bocſozel mourut ſans enfans.

4. Gabrielle eut deux marys, l'un nommé Nutrict ou Nourry du Motet, & l'autre Guelix de Menze. *Motet.*
Menze.

5. Louyse.

6. Jeanne Religieuse à Montfleury.

7. Claudine Religieuse.

8. Françoise femme de Noble Pierre de Montfort. *Mõtfort*

XIV. Degré. AYNARD *de* BEAUMONT, *II. du Nom, Conseigneur des Adrets.*

Son alliance ne m'est pas connuë. Il transigea avec Jacques son frere le 22. de Septembre 1460. ils sont nommez dans l'acte fils d'Aynard, & tous deux sont qualifiez hauts & puissants Seigneurs. Aynard parut dans l'arriereban qui marcha l'an 1495. & y commanda une brigade: estant de retour il fit son testament le 20. de Septembre 1499. Il eut pour enfans.

1. George qui suit.

2. Antoine a fait branche.

3. Claude Prieur de Nostre-Dame de l'Isle auprez de Lyon.

4. François Abbé de Boscodon.

XV. Degré GEORGE *de* BEAUMONT, *Seigneur des Adrets.*

Jeanne de Guiffrey fut sa femme. Elle estoit fille de *Guiffrey* Noble Sebastien de Guiffrey Seigneur de Boutieres, & de Lionnette Artoud. Il laissa pour enfans, *Artoud*

1. François dont je feray l'éloge.

2. Gabrielle mariée à Claude de Guiffrey sieur du *Guiffrey* Froney.

FRANÇOIS de BEAVMONT

II. du Nom , Baron & Seigneur de Adrets , de Theys &c. Gentilhomme Ordinaire de la Chambre du Roy , Colonel des Legionnaires de Dauphiné, Provence, Lyonnois , Languedoc & Auvergne.

Tant que l'on se resouviendra des guerres civilles de la Religion & de la Ligue , on parlera du fameux Baron des Adrets, qui de son temps a esté la terreur des Catholiques, & dont le nom a fait plus de bruit que celuy des canons & des bombes. Monsieur le President de Thou , Monsieur d'Aubigné & monsieur l'Abbé le Laboureur dans ses rares Annotations aux memoires de Castelnau, ont parlé de luy, de ses exploits & de sa vie. J'ay composé & fait imprimer son histoire , avec celle de Soffrey de Calignon Chancelier de Navarre, & de Charles du Puy dit le brave Montbrun, en un volume separé ; c'est pourquoy je passeray legerement sur les actions qu'il a faites. Chacun sçait qu'estant mécontant de la Maison de Guise il se declara chef du party Protestant en cette Province; bien que dans son ame il fût Catholique. Les désordres qu'il fit dans Grenoble , dans Pierrelate , dans Valence , à Orange, au Comtat Veneissin, à Montbrison & ailleurs , furent si violents que tout le monde le craignoit & le fuyoit. Ce fut le premier qui fit establir un Consul Huguenot dans Grenoble , & depuis ce temps-là il y en a eu toûjours un des quatre que l'on y nomme. Il souffrit l'abbattement des Eglises & le pillage de leurs Tresors. Il fit donner aux Huguenots un endroit pour y faire l'exercice de leur Religion , & obligea violemment le Parlement & la Chambre des Comptes d'aller au Presche , les Religieuses de le souffrir & les Religieux de chercher ailleurs des retraites. Il se nommoit Lieutenant

du Prince de Condé en l'Armée Chestienne, Gouverneur des compagnies assemblées pour le service de Dieu.
Il fut chef des Legionnaires de Dauphiné, Lionnois,
Languedoc & Auvergne. Par tout où il passoit, il laissoit
des marques de sa cruauté : c'est pour cela que l'Admiral
de Chastillon disoit qu'il se falloit servir de luy comme
d'un Lyon furieux. Le Baron des Adrets le sçeut, ce qui
l'obligea de songer à changer de party, ce qu'il fit; mais
il n'eut pas la même fortune en commandant des Catholiques, comme il l'avoit euë à la teste des Protestans.
On l'accusa d'avoir mal servy le Roy, il s'en deffendit
courageusement à Lion en presence de sa Majesté. L'acte est singulier & je l'ay fait imprimer avec sa vie. Il testa
le 2. de Fevrier 1586. Sa femme fut Marguerite de Gu- *Gumin*
min, fille de Jean de Gumin Seigneur de Romaneche,
& d'Antoinette de Virieu. Il en eut.   *Virieu*

1. Claude mort sans posterité.

2. François deceda de même. Davila dans le livre
cinquiéme des guerres civiles de France sous l'an 1572.
les appelle, les Colonels Montaumor & Rouvray. L'un
d'eux fut tué au massacre de la saint Bartelemy.

3. Susanne épousa en premieres nopces le Seigneur
de Tarvanas en Piemont, & en secondes, Cesar de Vau- *Vaus serre*
serre pere du Baron des Adrets d'aujourd'huy, qui s'est
rendu Catholique il y a peu de temps.

4. Ester contracta mariage le 20. de Juin 1583. avec
Antoine de Sassenage Seigneur d'Yseron.   *Sassenage*

G g

BEAVMONT DV BESSET,
VII. BRANCHE,

XV. Degré. ANTOINE *de* BEAUMONT,
*Conseigneur des Adrets, & Seigneur
de la Tour de Tencin.*

Fils puîné d'Aynard de Beaumont deuxième du nom,
contracta mariage le 4. de Fevrier 1526. avec Clau-
Marc. dine Marc, fille de Claude Marc Seigneur de Brion &
Avalon de saint Jayme, & de Jeanne d'Avalon. Il fit son testament le 10. de Juillet 1552. Il eut pour enfans,

1. Claude a continué.
2. Ennemond a fait branche.
3. Antoine Religieux au Monastere de l'Isle-Barbe
auprez de Lion.
4. Rolland Religieux au même endroit, Prieur de
Gillon.
5. Anne Religieuse au Monastere de saint Paul d'Y-
seaux.
6. Marguerite Religieuse à Montfleury.

CLAUDE *de* BEAUMONT,
XVI. Degré. *Seigneur de la Tour de Tencin & Conseigneur de saint Quentin.*

Roche- Jeanne de Rochemure d'une famille d'Auvergne, fut
mure. sa femme, & cette alliance a obligé sa posterité de passer
en cette Province. Il fit son testament le 9. de Novembre
1601. Sa femme fit le sien le 9. de Mars 1623. par lequel

il confte qu'il a eu pour enfans,

1. Aynard dont il fera parlé.

2. Sufanne mariée à Noble Hypolidore de Genton, puis à Noble Eftienne d'Ambel.

3. Charlote femme de Noble Nicolas de Bectoz, fieur de Vaubonnois.

Genton Ambel. Bec... (marginal notes)

AYNARD de BEAVMONT,

XVII. Degré. *III. du Nom, Seigneur de Beffet & Confeigneur de faint Quentin.*

Il habitoit au Beffet Parroiffe de la Befferie-faint-Mury, au Diocefe de faint Flour : ce qui fe tire d'une donation qu'il fit le 18. de Decembre 1630. à Cecile de la Garde du Vernet fa femme, de laquelle il a laiffé pour enfans, *la Garde* (marginal note)

1. Marc dont-je feray mention.

2. Marie femme de Noble Marc de faint Germain, fieur de Champes l'an 1631. *S. Germain.* (marginal note)

MARC de BEAVMONT,

XVIII. Degré. *Seigneur du Beffet , d'Alene & de Signon & Confeigneur de Saint Quentin.*

Il eft vivant l'an 1680. & demeure en Auvergne.

BEAVMONT S. QVENTIN.
VIII. BRANCHE.

ENNEMOND *de* BEAVMONT,
XVI. Degré.   *Sieur de l'Isle & Conseigneur de Saint Quentin.*

Fils puisné d'Antoine de Beaumont Seigneur de la Tour de Tencin & de Claudine Marc, transigea le 6. de Janvier 1588. avec Claude son frere & Susanne de Beaumont Dame des Adrets & de Tarvanas, sur la succession d'Aynard de Beaumont ayeul & bisayeul des parties. La femme d'Ennemond fut Louyse Ravier, de laquelle il parle dans son testament du 14. de Decembre 1607. Il fut pere de

Ravier.

    1. Rolland qui suit.
    2. Claude.

ROLLAND *de* BEAUMONT,
XVII. Degré   *Sieur de l'Isle.*

Epousa le 3. de Juillet 1586. Ieanne Ferrand-Teste, fille de Noble Leonard Ferrand-Teste sieur de la Modriniere. Il mourut avant son pere aprés avoir testé le 24. de Ianvier 1606.. Voicy ses enfans.

Ferrand Teste.

    1. Pierre qui aura son chapitre.
    2. Guillaume.
    3. François.
    4. Susanne Religieuse à Montfleury.
    5. Marie femme de Noble Baltesard Pourret.
    6. Diane.

Pourret.

7. Gabrielle.

8. Eleonor mariée à Noble Jean-François de la Meerie Meerie.

PIERRE *de* BEAUMONT,

XVIII. Degré.   *Seigneur de l'Isle & de la Modriniere, Conseigneur de Saint Quentin.*

Le premier de Novembre 1623. il contracta mariage avec Anne de Jouffrey, fille de Noble Guillaume de Jouffrey. Jouffrey & de Barbe de Chaillol. Il presta hommage au Chaillol Roy Dauphin en la Chambre des Comptes de Dauphiné le 12. de Juin 1645. & testa le 25. de Juillet 1663. laissant pour enfans,

1. Guillaume qui a continué.

2. Rolland sieur de Beaumont a épousé en premieres nopces Felicienne des Isles, & en secondes Madelaine des Isles. de Genas. Il a servy 25 ans : premierement en qualité de Genas. Capitaine d'Infanterie dans le Regiment de Sully, puis Lieutenant de la Mestre de Camp au Regiment de Cavalerie de la Marcousse, & ensuite Capitaine au même Regiment.

3. Louys sieur de Montaut a eu pour femme .... Pourret de Brunieres, a esté 15. ans au service du Roy Pourret. dans ses Armées en qualité de Cornette, puis de Lieutenant au même Regiment de la Marcousse. Il est decedé & a laissé deux fils & une fille.

4. Antoine sieur de saint Pierre a aussi servy plus de 10. années, a esté Cornette, puis Lieutenant au Regiment de Cavalerie de saint Cierge.

5. Jean Chanoine & Sacristain de Revesty.

6. Baltesard, Capitaine dans le Regiment Royal de la Marine, sert actuellement, a esté aux guerres de Hongrie,& fut a la bataille de Raab & paroit depuis plus de dix ans dans les Armées du Roy.

7. Claude Religieux de l'Ordre de saint Antoine.

8. Dominique Religieux au même endroit.

GUILLAUME de BEAUMONT,

XIX. Degré.　*Sieur de l'Isle & Conseigneur de Saint Quentin.*

Il a épousé Françoise de Bernieres, fille de Noble Louys
de Bernieres & de Marguerite de Montagnac. Il a un fils
& deux filles.

(marginal note:) Bernieres. Montagnac.

BEAUMONT BASTARD D'AVTICHAMP.

IX. BRANCHE.

IMBERT de BEAUMONT,

XV. Degré.　*V. du Nom, Seigneur d'Autichamp.*

Fils aîné d'André de Beaumont Seigneur d'Autichamp & de Françoise d'Alinges, ne fut point marié, &
mourut dans la Ville d'Arras où il estoit en garnison en
qualité de Gendarme du Roy. Il testa dans la même Ville
le 27. d'Octobre 1484. il veut estre enterré en l'une de
ses Eglises nommée de sainte Croix, il fait son heritier
Guy son frere, il nomme executeurs de son testament
Jacques Gaste, Jean Grinde, Guillaume Guyon, & Jean
de Blayn Seigneur du Poët, & il dit qu'il avoit un fils naturel nommé

XVI. *Degré.* LOUYS *de* BEAUMONT,

Lequel eut pour femme Eliſabeth Arnoux , comme il
ſe tire d'un contract obligatoire qu'ils paſſerent le 5. d'O-
ctobre 1538. Ils eurent pour enfans
   1. Iacques qui ſuit.
   2. Marie.

XVII. *Degré.* JACQUES *de* BEAUMONT,

Fût l'un des plus braves Capitaines de ſon temps, &
ſe rendit celebre ſous le nom de Capitaine Beaumont lors
des guerres de la Religion. Il épouſa le 25. de May 1550
Benoite Barbeyrache. Il teſta le 29. de Janvier 1590. où
il nomme Jeanne Valette pour ſa deuxiéme femme. Il en
eut une troiſiéme de laquelle il ne dit pas le nom. Il eut
pour enfans,

Du premier Lict.

1. Florent qui a continué.

Du deuxiéme Lict.

2. Louys.
3. Suſanne.

Du troiſiéme Lict.

4. Guillaume.
5. Caterine.

XVIII. *Degré.* FLORENT *de* BEAUMONT,
Capitaine d'Infanterie.

Il eut une Compagnie d'Infanterie le 25. de Iuillet
1592. Il fit alliance le 29. de Iuin 1597. avec Ieanne

Vrre.
Guiller-
me.

d'Urre, fille de Noble Iean d'Urre & de Françoise Guil-
lermeen presence de Nobles Gaspard de Beaumont Seigneur d'Autichamp, Antoine d'Urre sieur de Portes,
Ioachim Tournier de Marsane & autres. Ils testerent l'an
1619. & laisserent pour enfans

    1 Hercules mentionné en son rang.
    2. Antoinete.
    3. Benoite.

XIX. Degré. HERCULES *de* BEAUMONT,

A laissé de Guillemete Faure sa femme.

XX. Degré FLORENT *de* BEAUMONT,
II. du Nom, sieur de Champrond.

Digoine.
Caval-
bon.

Qui le 10. de Iuin 1658. a épousé Diane de Digoine,
fille de Noble Antoine de Digoine, & de Françoise Cavalhon du lieu de Mondragon en Orange.

    Cette Branche brise de trois Estoilles d'Or en chef &
d'un Croissant montant d'Argent en pointe. Je dois dire
pour la satisfaction de ceux qui en sont, qu'avant un Re-
glement fait pour cette Province le 2. d'Avril 1602. les
fils naturels n'estoient pas moins Nobles en leur personne & en leurs biens que les legitimes.

F I N.

LES TRENTE-DEUX QUARTIERS DE MESSIRE JEAN-BAPTISTE DE LA CROIX DE CHEVRIERES, CHEVALIER, MARQVIS DE S. VALLIER.

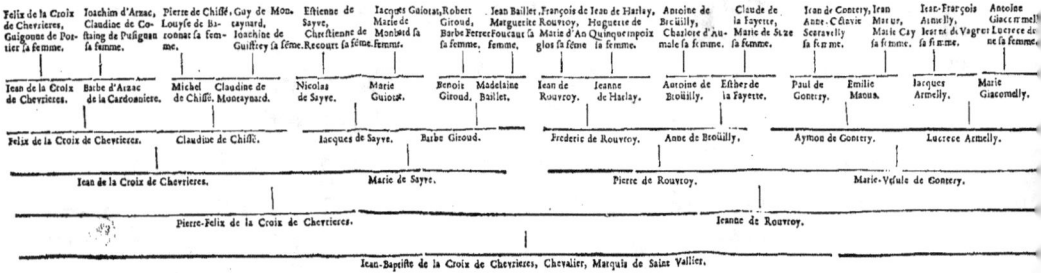

Felix de la Croix de Chevrieres, Gaigonne de Pottier sa femme.	Ioachim d'Arnac, Claudine de Coftaing de Pufignan sa femme.	Pierre de Chiffé, Louyfe de Bironnac sa femme.	Guy de Montaynard, Ioachine de Guiffrey sa fême.	Etienne de Sayve, Chreftienne de Monlard sa femme. Recourt sa fême.	Iacques Guiotat, Marie de Monlard sa femme.	Robert Giroud, Barbe Ferret sa femme.	Iean Baillet, Marguerite Foucaut sa femme.	François de Iean de Harlay, Rouvroy, Huguette de Marie d'An Quinquempoix glos sa fême	Antoine de Breüilly, la femme. Charlote d'Aumale sa femme.	Claude de la Fayette, Marie de Suze sa femme.	Iean de Contery, Anne-Cflavie Scaravelly sa femme.	Iean Marur, Marie Cay fa femme.	Iean-François Armelly, Iean ta de Vagres sa femme.	Antoine Gioccrmelli Lucrece de ne la femme.

Iean de la Croix de Chevrieres.	Barbe d'Arzac de la Cardonniere.	Michel de Chiffé.	Claudine de Montaynard.	Nicolas de Sayve.	Marie Guiotat.	Benoit Giroud.	Madelaine Baillet.	Iean de Rouvroy.	Ieanne de Harlay.	Antoine de Breüilly.	Efther de la Fayette.	Paul de Contery.	Emilie Macus.	Iacques Armelly.	Marie Giacomelly.

Felix de la Croix de Chevrieres.		Claudine de Chiffé.		Iacques de Sayve.		Barbe Giroud.		Frederic de Rouvroy.		Anne de Breüilly.		Aymon de Contery.		Lucrece Armelly.	

Iean de la Croix de Chevrieres.				Marie de Sayve.				Pierre de Rouvroy.				Marie-Vrfule de Contery.			

Pierre-Felix de la Croix de Chevrieres.								Ieanne de Rouvroy.							

Iean-Baptifte de la Croix de Chevrieres, Chevalier, Marquis de Saint Vallier.

www.ingramcontent.com/pod-product-compliance
Lightning Source LLC
Chambersburg PA
CBHW061014280326
41935CB00009B/955